U0108681

素黑心性講座系列01

最放不下愛

愛到最後，便是最溫柔的慈悲。

素黑

前言

本書是「素黑心性講座系列」第一集，收錄素黑自2005年以來在香港及馬來西亞主持過三個重要的心性講座，經過重新整理，強化內容後結集而成。第一集講座包括「誰是另一半」、「迷失。放不下」及「命運。錯愛。拒絕絕望」。

貫穿全書是一個讓讀者靜心的音ॐ，唸“OM”，普通話可唸作「奧母」，廣東話可唸作「唵」，這是梵文，包涵了三個音：“A”、“U”及“M”，發音由粗鈍到精細，由精細到更纖細深邃的「靜音」，它是呈現內在神聖的種籽音。它包容過去、現在和未來，也是醒覺、無意識和潛意識的融合，是通往超越(transcendence)和寂靜(silence)的靜音。全書以此靜音，讓讀者在閱讀過程中打開靜心之門，朝向內在的，更大的愛。

目錄

迷失。放不下

命運。錯愛。拒絕絕望

自序

活著，是為更大的愛

這是我在過去兩個月每天問自己的問題：更包容的愛是怎樣的呢？更大的愛是怎樣的呢？

一直在尋找強大的能量，為更大的愛。

某雜誌訪問我，問為何我可以那麼瀟灑，不害怕孤獨。每次被別人問有關自己的問題，都需要思考一會兒，不是因為要組織一個得體的答案或甚麼，而是，其實我真的沒想過這個問題，或者，即使曾經想過，也早已淡忘。當問題不再是問題時，連它消失得像貓悄悄溜走一樣我也不為意。為何不害怕孤獨？也許因為我希望更堅強。美麗的J那夜問我經常希望遠離人群，是不是一個人時感覺最平靜。這個問題倒問得好。一個人的時候，是不是都能平靜，不害怕呢？

老實告訴你，我只不過是個平凡人，我沒有別人想像中神秘和高深。我寧願一個人，不是因為一個人時最平靜，事實上可能剛好相反，心最容易不穩定，容易憂傷。但我寧願靠近這個時候的自己，孤獨讓我更清醒，更誠實地面對自己和別人，學懂尊重生命，讓愛變得自足，成熟。一個人時需要很堅強，勇敢地約會最軟弱的自己，好好跟她相處，帶淚帶笑地相愛。不是我不需要別人，而是活著需要人更依靠自己。

糊塗比清醒好過，但不會令人活得更有尊嚴和價值。

當愛到心力交瘁，無法承擔時，得到別人的關愛是有福的，但我更需要調校更寧靜、更安定的心，問自己，再進一步的愛，再大一點的愛，到底可以是怎樣呢？我能在有生之年看到她，撫摸她的智慧，感受她的溫柔，散發她的溫度嗎？

我相信可以，因為我倖存信念和希望。

於是，再累，再失望，再微弱的我，還是會輕輕搜索愛人的手，握著他靜靜入睡，暗裡禱告：即使剩下最後的能量，也希望藉著掌心的溫度，把不忍熄滅的愛傳送給他，讓幸福流進他的生命。這是我愛他的無言方式。

很多人問為何我對那麼多自傷傷人的感情個案還不放棄，把自己弄至那麼忙碌那麼累幹嗎。我不知道為何還沒有放棄。我沒有強大的力量能改變甚麼，我只想告訴自己，我希望得到，感受到怎樣的愛，我先為別人付出。能付出，才算真正擁有。雖然這是很孤獨的路，但我還是願意走下去，也許這是我來此生的目的。

愛這個字太容易說出口，要轉化為感染力，打開心胸的能量，卻需要很多世的道行和修行。我只是個慢慢學習付出的過客，與其害怕能量不夠，不如堅強信念，讓自己越愛越堅強，越是付出越強壯。這樣跌跌碰碰，非常孤獨地走了很多個年頭，然後，當我的愛走到某一個驛站，在那個孤身走黑路歸家的晚上，突然心眼閃過一剎純粹的靈光：愛到終極的感覺到底是怎樣的呢？

慈悲，就是慈悲。

那刻，我感到內在非常巨大的改變。我的愛改變了。驀然發現，原來我可以愛另一個人像愛我的戀人一樣付出、從容、感到柔柔的幸福，感情不再有分別，可以是那麼純粹和真摯。那刻我覺悟到：我的愛寬大了，變得前所未有的溫柔，靜謐，和平。

不再異分對象、執著感情關係，走進每個人神聖的心，輕輕放下愛的種籽，讓它自己發芽，成長，讓每個人自己開花，交換微笑和眼淚。這是愛到最後的慈悲，最溫柔的慈悲。

愛情可以很美，美到讓我們盲目地放下一切去追求，佔有，死守和傷害，可我們都無法從愛情的現實中得到終極的平靜和快樂，只能換來關係的負擔，感情的執著，這樣一生便了。

既然愛情並不完美，那為甚麼我們還需要愛情呢？我們需要愛情，因為它讓我們認真地活過，在愛中認識自己，了解生命，步向更大的愛。活著需要很大的力量，愛是最大的能量。我關心的不是如何處理好愛情，甚至不是愛的本身，而是要揭示愛情的終極功能原為回應一個最根本的存在問題：人為甚麼要活著？

活著到底為甚麼？我們都害怕孤獨，希望得到幸福，希望有個很愛自己，自己很愛的另一半在身邊，伴隨終老。愛情為生命提供了偌大的信念和希望，但不完美的愛情本質告訴我們單是愛情並不足夠，活著是為更大的愛。我們必須投向更大的愛，才能看清愛的全面，抓緊當下最大的幸福。最大的幸福，是活得自在、自由和喜樂，心安理得，不否定關係，也不泥守關係。當你能毋需害怕或隱瞞甚麼，保持清醒和覺知，接受命運發生在你身上的一切，你便自由了。這時才真正體會深層次的愛。在此以前，所謂的愛，充其量只能算是「還未成形」，尚在「測試中」的愛。

讓我借兩位我很喜愛的人的智慧，感動你自愛他愛正面的心，願你的愛更寬容博大，如同你應接受、肯定和愛你自己一樣：

願「熱愛命運」(amor fati)由此刻開始成為我的愛。我不想向醜陋宣戰，再也不想譴責誰，包括那些譴責者。我寧願「轉望他處」(look away)，這是我唯一的否定模式(negation)。從此以後，我只想做個徹頭徹尾的肯定者(affirmer)。

~ 尼采《快樂的科學》276

你的存在，是為展現宇宙的神聖旨意，當知你有多重要。

~ Eckhart Tolle *The Power of Now*

素黑　2007.01

誰是另一半

你失落了的另一半，並不需要向外找，
而是要向內找。

誰是另一半

先反問自己

我們都容易「想」到愛。

愛是很抽象的概念，沒有人夠資格說他能充份證明、解釋和感受愛。但愛同時擁有比概念更實在的素質，即使我們無法實證愛的存在，我們都感受過愛，甚至一直追求愛。那到底愛是甚麼一回事？

讓我們先做一個實驗，了解自己對愛的理解。

試想一個跟你最親的人，可以是丈夫、妻子、愛人、親人或朋友等。

想到了嗎？你想到他時的第一個感覺是甚麼？你會怎樣形容他呢？

用你的直覺馬上回答，不用細想。

想好了吧，讓我再問另一個問題。

提到「愛」，你想到的第一個形容詞是甚麼呢？不用細想，給一個即時反應就行了。

應該有答案了吧。到底形容最親的人較容易，還是形容愛呢？

應該是形容人吧，因為人比較實在，你毋須經過大腦思考也能隨口說出最親的人的特質，和你對他的感覺。這個問題不難回答。因為你跟這人有很深刻的記憶和感覺。

不過，一談到「愛」，你便凝住了。「愛」這個字，似近還遠，似是而非，原來望塵莫及，很難掌握。對於愛，你無法勾畫出一個清晰的影像，但卻有很多感覺和幻想，只是，這些感覺很複雜，愛恨喜惡同時出現，令你無法確定愛的具體。

為甚麼會這樣呢？原來，「愛」這個概念一出現，我們便立即想到「道德」，即是說，我們馬上會有正負兩面的判斷，似乎正面的東西才算是愛，負面的東西都不應列入「愛」內。我們總不會把愛等同謀殺、血案、不幸、災劫等。愛，應該是我們夢寐以求的寶貝。

愛是很抽象的感覺和概念，我們卻經常想到它，提及它，甚至想抓緊它，固定它的方位。例如，我們每天寫很多情書、博客、短訊，都說到愛，都關於愛，無時無刻都需要愛，談論愛，交流愛，交換愛，甚至，製造愛。

而我經常收到來自世界各地讀者的來信，大部份都表示自己欠缺愛，很需要愛和被愛，卻不知愛何時出現，又溜到哪裡去了。

我們稍後才討論這些關於愛的問題。現在，我想問另一個問題。

你知道自己的心嗎？

剛才有沒有想到最親的人就是在心裡的那個人呢？所謂「在心裡」是甚麼意思呢？

心，是不是很抽象的東西呢？我們都知道心臟的位置，但問你是否知道「自己的心」時，你又似乎感到奇怪，像抓不著邊一樣虛無。心一直在跳動，可你對它的認知卻甚少。

你的心在哪裡呢？

我們常說，應該用心去聆聽。為甚麼聽要用心而不是耳朵？我們也經常罵人家沒心肝，沒心沒肺，心不在焉，都是指我們的「心」。我們以為已經很清楚，但再追問下去，卻感到不知就裡。假如你說「我會把你放在心裡」，到底是指甚麼呢？你會答：「我知道是甚麼呀，因為我真的很掛念他，我真是很愛他啊，所以把他放在心裡。」

其實，你是否了解自己的心呢？這個問題很難答，我也沒有答案。有人可以說，這個問題是問「你知道你的心意嗎？你知道你正在想甚麼嗎？你的心裡有甚麼呢？你的心裡還餘下甚麼呢？」

你滿意這個答案嗎？不，你還是覺得了解自己的心是很複雜和很困難的事，不是單憑知道它所想便足夠，雖然我們最初都以為很容易。原來，我們都不了解自己，有些人甚至因為心亂不安而影響健康、他人，甚至全世界。人心舛亂的後果可以很恐怖。而這些，都跟我們的心緊密地聯繫在一起。

再問一條問題。

你知道他/她的心是怎樣嗎？

現場有位男士答：連自己的心也不知，怎知對方呢！這位男士真可愛，很直接。對，連自己也不了解，怎知對方的心呢？

可是，很多女人並不是這樣想的。她們特別愛思考，常常抱怨說：「你根本不了解我」。很多女性都曾經或經常這樣向愛人或朋友抱怨吧，是不是？

再問你：你知道你的心在哪裡嗎？你知道你的心想甚麼嗎？

可能你根本不知道。

再問你：你知道他的心在想甚麼嗎？你有和他談話嗎？你知道他的心意嗎？

大概你也不知道！可笑的是，你會埋怨對方不知道你的想法和心意。是不是很奇怪呢？是不是有點不公平呢？

我們經常有迷失的感覺，連自己真正所想所要的也不知道！太多女孩因此而發脾氣：「都這麼多年了，你應該知道我想要甚麼呀！」男士們只會回應：「妳那麼善變，我怎會知道妳想要甚麼呢？說出來吧！」

表面上這是兩性之間的溝通問題，實際上，絕對不只這個。

再問一個問題：你最想改變自己甚麼？把自己的缺點列出來，要改變難嗎？你感到很困難，是嗎？假如能容易改變的，便不是缺點了。

再問你，你最想他/她改變甚麼？困難嗎？

○ ○ ○

大家都聽過這四個字吧：將心比己。

這個詞是甚麼意思呢？簡單來說，就是將別人的心和自己的心比較一下。當我們對別人有要求時，不論是物質上，生理上還是心理上的需要，也應事前問問自己，比較一下：「你希望別人怎樣？自己又是否可以首先做到？」然後你才有資格走下一步，提出要求。

當你不知道自己的心想怎樣，或者對別人諸多要求時，這正是你精力或能量下調的不足，或者是思想上、心態上的欠缺，覺得需要補充的時候。在你不自知而要求別人時，便會產生不切實際的幻想，期待人家給你一個你希望看到的反應，慰藉自己 。可是，當別人滿足不了你，缺失沒有得到修補的時候，痛苦便會出現。

男女關係上最常遇到這種心虛空卻有所要求的狀況。這早已超越了愛情的範疇。

我們每天都順理成章地要求別人。說說我的經驗吧。我每天收到不同地方的讀者來信，發現香港的讀者要求特別多。這大概是香港人的文化習性。香港人總是諸多要求，合理的或不合理的也有。結果每天在要求的慾望中翻滾生命。這樣會過得快樂嗎？缺失又怎能得以解決呢？

到底問題在哪裡？為甚麼我們每天產生那麼多需求呢？我們到底缺失了甚麼？

原來，我們都沒有問最根本的問題：問心，將心比己。

你希望別人幫助你，你以為是理所當然天經地義的。可是，反問你自己，你又是否願意反過來幫助別人，為別人付出呢？你會理直氣壯地拒絕，理由是：「正因為我沒有才向你要求。」

不過，為甚麼別人要滿足你的要求呢？

我們應該多反問自己，才能看到自己的心胸，看看自己的心可以盛載多少擔子，能包容多少愛恨。要是我們的心夠開放，便可以無條件付出很多也不會感到虧蝕。當然，如果對方向我們打主意，我們便要狠心一點，不要縱容剝削，令對方知道這不是理所當然的，我們不要提供免費午餐，因為在縱容對方的同時，不但浪費了我們的時間和心神，也容易使我們失去了自己。同時間，對方也只會越來越依賴，不願意獨立和成長。

雙輸的局面，要不得。

必須認真評估自己是否有能力付出。

舉個例子吧。我有時會基於不同的原因，免費替人做治療，但為了不希望縱容免費午餐，我會要求對方做一點事。做甚麼呢？在乎對方有甚麼可以付出的就付出吧，不論是替人家補習，還是做義工，不能出錢的便出腦力或勞力，這是幫助他們轉移能量，不要坐享其成，否則，他們只會坐著不動，只曉怨天尤人，埋怨自己的缺失，埋怨別人不滿足自己，於是墮入自我割離的圈套，讓身邊的人全部成為他們割離的「另一半」，即是說，不論是治療師、作者、朋友、親人，甚至是你的子女，都會成為你死命抓著害怕失去的另一半，你會漸漸對他們諸多要求，因為這是親近的條件，你變得over demanding，要求十分多，要求對方滿足你。

這就是所謂相愛的陷阱：由相愛變成相害。

○　○　○

所謂另一半之謎

再問幾個問題：

每天上班上學，是不是不時感到害怕、擔憂和焦慮不安呢？

每次見到愛侶、老公、老婆，是不是不時感到害怕、擔憂和焦慮不安呢？

每天照鏡，看著自己的反影，是不是不時感到害怕、擔憂和焦慮不安呢？

是不是很希望出現完美的、匹配的愛人，找到完美的工作，遇上完美的命運呢？

於是，我們都相信我們需要尋找一個伴侶，一個夥伴。於是，我們相信另一半的存在，會問誰是另一半。

到底我們為何需要有另一半呢？

原來，另一半很重要，甚至「性命攸關」：《英國醫學期刊》曾發表過一項研究，指年老鰥夫的平均壽命，比妻子仍然健在的男人為短。另一項研究顯示，有心血管疾病的男人，如果感受到太太對他的愛，其症狀比其餘的人要少一半。感受不到太太愛的男人，比其餘的人多三倍機會患上胃潰瘍。所以男人很需要女人，不然恐怕會短命，甚至喪命！至於女人呢？很多女人視愛情為一切，為愛生為愛死，結果影響工作、家庭及自我成長！

我們常常聽人説，或者自己也喜歡用「另一半」代表我們的愛人。大家知道「另一半」的來源嗎？它來自古希臘一個神話，哲學家柏拉圖的著作《對話錄》亦有提及，他認為盤古初開之時，人是沒有男女之分的，大家都是雌雄同體（hermaphrodites），好像海馬一樣，可以自行繁殖。

但天神要將雌雄同體割開，讓原來的整體變成分裂的兩半，各散東西，各自不知道另一半在哪裡，於是，人終其一生就要尋找他們失落的另一半，以求重整自己成為一個完整的人。

這神話有何啟示呢？

大家會將這個故事視作自身愛情故事的比喻，這樣便可以名正言順地確證自己本來是完整的，可惜分裂了，非要找尋另一半不可，所以愛情是命定的「天理」，無法逃避。

西方哲學的源頭是以分裂作為基礎的，如靈魂(soul)與肉身(body)、形式(form)與內容(content)等，這是二元對立(duality)概念的思想產物。對，必須強調這是「思想」的產物，可以毋需對應生活和體驗的純粹抽離概念。這是哲學(理性)的遊戲，我們可以思考，可以創作，但不等於這就是存在的本質和實相，相信這就是生命的終極意義。在發掘自我和平衡情緒方面，可以被構想的理論、觀念、想法等，並不一定具有正面的意義。

其實另一半的故事還未講完：為甚麼本來好端端的雌雄同體會被分開，需要尋找另一半呢？

謎底有兩個。

謎底一：因為性能量令人分裂了。

我們不妨先問一個小孩子最喜歡問卻又最被壓抑的問題：人是由甚麼開始的？

原來人一開始被割裂的不是男和女，而是我們自己的性能量(Sex Energy)。性能量是很有意思的一個話題，別以為我在談性（Sex）。性能量是我們最核心的動力，會影響我們決定甚麼、有甚麼行動。性能量具備很強大的推動力，亦是我們往往忽略人生既有的重要能量。

做愛其實沒甚麼大不了，只是一種身體運動罷了。但性能量是很重大的，其重點不是做愛，而是創造性（Creativity）。生物學認為交合為衍生下一代，這是不能否定的，人類透過性行為而繁殖新生命，可想而知這不是簡單的身體活動，當中蘊含強大的能量。所以，某些宗教會以性能量修行，達致更高境界。我不是鼓勵大家亂混，而是希望說明每個人出生時都附有很多能量，為何我們現在這麼疲倦？因為在出世時我們都拿了一半能量出來，就像退休保障金供款一樣，把自己那一半可以製造新生命、向前推進、提升的性能量分出來，移到另一個能量中心，即是更高層次提升心靈、精神的潛能庫。於是，人有心靈、精神進化的可能和需要。如果我們失去這種能量，每個人都能靠向完美，人類還會有進步嗎？誰會思考如何升上太空、如何發展醫學嗎？這樣的話，人生的意義就被改寫了，人生的價值亦在此。動物做愛純粹為了性交、繁殖，甚至捨棄性命也在所不計。但人類不同，我們要找回那股失去的能量，在靈性和精神上有所進化，人才有生存下去的價值。所以，人的性慾跟其他動物不一樣，不單止為繁殖下一代，也有自我滿足的需要和自我提升的索求。結論是：性能量能補給我們的不足，令我們精神上可以進步，維持開放的心，避免執著。尋找另一半，跟對方性交合，是增強性能量、豐富人生意義的方法之一。

謎底二：因為人在活著的過程中產生煩惱和焦慮，變成人格分裂。

於是，人想像一個散失的自己，將之簡化變成另一半的追求，假設一個能整合自己的愛人或伴侶，興趣或工作，這樣想會好過一點。所謂尋找另一半，大抵是生命走得太累了，希望借尋找別人來轉移視線，變得忙碌起來，暫時忘記自己的疲累。

總之，「不完整」的概念日漸強化，而「另一半」的信念更趨鞏固，讓我們相信天下只得一個「原配」，譬如A要找到A_1，不能選擇B或C。當我們找到像樣的對象，又生怕找錯了，或者對方會跑掉，所以尋找另一半的過程既漫長也充滿焦慮。我們希望這樣地尋找終歸會成功，把過多的精力集中在尋找上，而沒有留意過程中忽略了自己身心的變化，忘記了自己。結果，找來找去，經常自問：「他/她是不是我真正的另一半呢？」，然後越來越擔心，又開始質疑這個可能不是真對象，於是試探對方，查看對方手機通話紀錄，緊張地追問：「她到底是誰？為何她會給你發這種親密的話？」，「這麼晚歸你去了哪兒？為何打電話給你你關了機？」

或者，經常問：「你到底愛不愛我？」，「你愛我有多深？」，「你希望我先死還是你先死？」，「你媽和我同時掉進海裡，你會先救哪一個？」

煩死人！

不同的質疑問題此起彼落，因為你相信只有一個人才能跟你匹配，而且他是天衣無縫的絕配。假如面前這個是假貨，便必須盡早確定並且馬上離場重新尋找。就這樣，我們耗損了很多時光，陷入無底的矛盾之中：不斷尋找，七上八落，容易出現以下兩種心態：

1. 橫豎不知對方是不是自己的另一半，於是寧濫勿缺。經常要人陪伴，經常更換男女朋友，一旦發現不對勁或厭倦便轉身離場，離開前還要傷害對方，報復他誤你青春的冤孽。又或者，心知愛得太泛濫，怕真命天子出現時，因為自己已慣於不懂珍惜伴侶而白白讓他溜走掉。

2. 寧缺勿濫，完美主義，要求過高，總覺得出現的不是100%的伴侶。覺得一生只有一次機會找到最適合的伴侶，因此更怕輸不起，越等越心慌，遇上了又質疑，即使找到品格不錯脾性良好外表不俗的對象，仍然猶豫不決，甚至暗地跟最要好的朋友進行慾望都市式的全女班圓桌會議，經過一輪商討後，決定姑且一試，或者不如放棄賭不過。

足以把天下男女玩死是吧。尋找另一半的神話，可能是古代智慧的最大陷阱，也是有史以來最長壽最吊詭的跨國玩笑。

無論你是屬於哪種類型，都反映你在愛情上根本不知道自己的真正需要。

又或者，有人以年歲、經濟能力、物質指數決定愛還是不愛。如此計算的，還算「愛」嗎？這只是有限度、有條件的愛而已。到底是哪一層次的愛呢？答案涉及你所追求的是感情還是愛情。

○ ○ ○

感情VS愛情

我相信每個人都有愛，心是開放的話便會湧現愛。關鍵在於你是否能發掘內在愛的能量，願意付出，懂得量力去愛而不浪費。

昨天我約了一位受療者會面，她是專程從上海來找我的。她擁有美麗的外表、高尚的學歷、優秀的工作、美好的婚姻。問題是她欠缺信心，對丈夫不信任。我透過心率協調儀(heart coherent machine)(註 一)測試她的定心狀態，電腦屏幕上的圖表顯示她的心果然很雜亂，意念昏舛，表面剛強，內裡虛弱。這個先進的生物回饋(bio-feedback)儀器是最客觀的佐證，如實反映她的內心世界。她原以為自己很理性，原來所謂剛強意志其實壓抑了內心的焦慮和不安。我教曉她從心和腹式呼吸的方法提取能量，結果不消一刻，她便馬上感到心很紮實，信心返回來了，心率圖由混亂轉向優良協調狀態。

情緒和心有著非常密切的互動影響力，心虛的人容易多疑不安，搗壞情緒，失去自愛和他愛的力量，於是愛得很累，很虛弱(註二)。其實大部份人都擁有愛的力量，可惜不懂得到哪裡發掘，甚至用不得其法，結果便洩氣了，所謂心力交瘁，有心無力，當中又以女人為甚。男人的能量活躍位置比較低，在丹田或以下的地方，女人則在丹田和更上的心輪位置。女性應多為自己留氣，不要老是透過壞情緒洩氣，氣一洩便心亂，心一亂便驚恐不安，無法愛。丹田是個充滿能量的地方，這點很多研習武術的人都知道。我們必須懂得儲備能量，愛的能量才會提升。心胸的位置是愛的位置，這是「愛的心輪」，心臟也在這裡。每個人都能提取自己潛藏的能量，那是很豐富的寶藏，只要我們肯定自己，相信自癒的力量，我們會懂得自愛，他愛。可當心氣一旦經壞情緒外洩出去，覆水難收，那便不要談提升，更莫説愛了。

每個人都希望得到愛、體驗愛，可是失去「愛」的能量，最終只能談「情」而已。所謂談情說愛就是這個意思：愛，只能淪為說出口的情感(emotion)表態和渴求。感情(sentiment)是情感表現的一種，不等同愛。感情跟愛是有分別的。

簡單而言，**感情是腦細胞產生的化學活動，愛卻是從心而來，是一種修養，甚至是修行的結果，而非一般的生理反應**。「心」不只是一個控制血流的器官，也是個掌管情緒反應和靈性修養如愛的地方。感情即是中醫所謂的七情，例如喜、怒、憂、思、悲、恐、驚，是情志的變化，亦即是西方人說的情緒。當我們感情用事時，其實是指情緒的過份流動，擾亂了心的安寧，因為心率活動過份敏感而產生錯覺。有個很常見的例子是，你會這樣問：「一看到他我便心跳加速！我對他真懷著特殊感覺呢！這表示我愛他嗎？」

情緒是最先流動的，讓人誤以為是愛。於是，愛情世界存在太多疑幻似真的假象，讓我們追趕著海市蜃樓的美麗假象，漸漸失去氣力和方向。最終，我們還是無法肯定這是不是愛，卻已筋疲力盡了。

心眼一天未打開，我們只能一輩子趕在愛的幻影中，愛得營營役役很洩氣。

經常有人問：「喜歡」跟「愛」是否一樣呢？I like him or I love him? 我到底是喜歡他還是愛他呢？

要回答這個問題，應首先問：「究竟感情是甚麼？」

剛才說過，感情是情志變化的一種表現模式。人的感情很雜亂，女人尤其容易感情用事，因為這涉及腦結構。簡單而言，影響我們情緒流動的叫腦邊沿系統(limbic system)，直接指揮由情緒產生的身體反射反應。例如，我們看電影時，往往會被煽情的情節勾起眼淚，這種感動的反應，跟真實的心情無關。我們哭，只是因為某部份劇情或對白勾起了我們過去的情緒記憶，那個記憶甚至可以是集體的記憶，借其他人的情緒轉嫁到自己身上。悲劇的重要功能就是這個：勾起我們同情共感的悲傷，藉此淨化心靈，發洩完就像洗滌心靈一樣的舒服和清爽。所以，作為一個編劇高手，當然會知道觀眾的情感弱點，擊中要害便能贏取認同和收視率。好萊塢電影在這方面最精確，能專業地計算每一個情節應如何帶動觀眾的情緒，每隔多少分鐘便要來一個笑位、一個驚險場面、到哪裡應有高潮，或反高潮，務求在百多分鐘內刺激觀眾的情緒細胞，像做夢一樣精彩真實，有笑有淚，戲如人生。

人的感情很容易流露，它獨立於大腦的控制，毋需理性和真實的支持也能出現，讓我們在看悲劇時產生「真實」的難過感覺，深信自己確實很傷心。所以，感覺、感情可以很真實，同時可以很虛假。

○　○　○

我們現在可以一起玩一個遊戲：先合上眼睛，想一件最不幸最傷心，哭得死去活來的事。仔細想想發生時的情景、聽到的説話、看到的表情……

瞧，不消一分鐘，眼淚已經湧現了，心在抽痛。真的好傷心是嗎？

歷歷在目的傷痛像復活一樣逼真。

原來人的情緒是那麼脆弱，容易失控也容易催生。只是一個實驗性的遊戲，我們的痛苦記憶或想象已經足夠讓眼淚不受控地流出來，心在抽痛，勾起不快樂的情緒。事實上，我們也很清楚那是過去的事，現在活得好端端的，可是我們會馬上把那件傷痛的事扣緊在當下的心情上，覺得自己真的很可憐、真的很痛苦，不應發生的卻發生在自己身上，到現在還是無法放下，情緒馬上被這剎那的壞記憶打擾了。喂，醒來吧，這只是情緒記憶發揮作用罷了。

我們知道，明白，可我們就是做不到放下，看現在，向前看。

感情本來是中性的，但我們要求過多，依賴過多，便會變成慾望，難以得到滿足，所以感情會病。在關係中最容易體現感情上的情病。性別要求、婚姻、家庭、子女、權力、性慾……大部份的愛情問題都並非出於愛，而是關係上。

必須先弄清楚我們表露的是愛還是慾望。愛是包容，慾是佔有、剝削、要求、判斷、計算和功利。感情和欲望都是脆弱的、執著的，因此我們會缺乏自信，容易受傷，也容易去傷害。

感情用事很容易，堅定地愛卻很難。

○　○　○

另一半＝你自己

尋找另一半其中一個最諷刺的結果是，當我們以為找到另一半時，又急不及待要對方變得和自己一樣，變成自己的一部份，二合為一。這是愛情辯證法：將「你」和「我」正反合一，融合變成新結晶。當你不再是你我不再是我時，悲劇才正式開始，因為在整合的過程中，我們一廂情願把兩個一半都毀壞了，各自各受傷，為的只是追求「完整」的概念。

我們只關心另一半神話的上半部，卻忽略了下半部。讓我把鮮為人關心的下一半說完：當人找到最合拍的另一半，忘形地要把對方合併到自己的缺口上去時，卻發現老是合不上。

當你想找一個以為配合自己的另一半時，其實忽略了一個重點：你已隨著歲月發生改變。12歲的你跟20歲的你，30歲的你跟40歲的你不會追求同一樣的事物！人長大了，品味、要求、需要都會改變，你所追求的東西也會改變。原來，人忘記了在尋找另一半的過程中，自己那一半以自己的方式和命運過著自己的生活，另一半也跟隨他自己的方式和命運過著自己的生活。你10年前需要的另一半，跟現在需要的條件已經不一樣。大家都在各自地改變，已無法變回原來的那一半了。

歸根究底，這是自我分裂的問題。每個人都一樣：要找一個人迎合自己當下的需求，滿足自己當下的慾望，彌補自己當下的缺失的人。一旦以為自己找到了，愛情悲劇便吊詭地展開。因為，你忘記了你每一刻在變，你的要求也在變，你的改變卻不可能跟對方的改變同步。於是，你們開始矛盾，開始不斷向對方提出要求，甚至希望對方為你改變，遷就你的意願。你將自己放在中心位置，而對方則要為你改變，成全你，符合你的要求。人是充滿變數的動物，你卻幻想有個永恆不變的匹配對象縫合你失落的另一半自己。這是思維邏輯上的謬誤。

另一半的真相大白了。真正的自我整合是自然的，所有要花思考勞心勞累強擠出來的真理，只是對另一半的迷信。生命中大部份的困擾和痛苦，都是想出來的謬誤。

另一半，還不就是你自己的變面！

每個人有自己的人生，You live your own life, die your own death

（你生你自己的生命，死你自己的死亡），沒有人會跟隨你。所謂「另一半」是虛無的。你的另一半原就是你自己。

一切都是自我中心、自我執著的結果。你希望全世界遷就你，否則就是所有人的錯，卻不曾考慮自己是否也有問題。最後雙方都活在痛苦中，你不是你，他不是他。雙方胡胡混混地走在一起，互相折磨，不知浪費了多少青春歲月。因愛之名，豈不可笑！

人是不斷自我分裂和自我重生的。愛並不需要等待另一半，愛就在這一刻，每一個願意活好的當下。不要再花精神和能量等待另一半的奇蹟出現了，這只是執著。反而應準備一個可以隨時去愛的身心。簡單地說，就是自愛。

你失落了的另一半，並不需要向外找，而是要向內找。

○ ○ ○

你寧願清醒還是糊塗

可是，面對自己是困難的。大部份人都選擇寧願糊塗，不想清醒的面對自己，為活壞的生命負上責任。因為，清醒需要很高的能量。不時有讀者問我，我面對大量讀者的負面問題，是否跟他們一樣經常感到痛苦呢？亦有讀者表示自己很糊塗，因為看不清自己的問題，然後反問我如此清醒，難道不感到痛苦嗎？

到底清醒痛苦多一點，還是糊塗痛苦多一點呢？你希望自己清醒還是糊塗？

赤裸面對自己是很辛苦的，所以寧願不動，不改變，繼續沉淪。我們表面上都以為自己很願意接受治療。不過，我告訴你，其實大部份人都在逃避，甚至借「願意接受治療」佐證自己是沒得救的。人喜歡問卜，需要信神，心安理得。這種心態很荒謬是嗎？

你信神嗎？假如神約會你，說5分鐘後會出現，解決你今生最困擾的問題，告訴你應做甚麼，讓你知道問題在哪，你若依他所說改變自己，你將得到永生。你會赴約嗎？我們經常祈禱，希望神聆聽我們，幫助我們，可是如果神真會出現，指正我們的問題，我們會如何反應？會願意放下目前的執著，聽祂的指示拯救自己嗎？

我想，大部份人都會寧願退縮，不想面對神，不會留下來跟神見面，除了保險從業員外，因為他們永遠積極，活在信念裡，即使是自欺欺人也好，也會挺下去，不會錯過任何機會。神出現很好，即使祂不能拯救自己，說不定可以說服神替自己買一份保險，坐下來談談也不壞，世事無絕對嘛。瞧，神大抵因為世人逃避面對祂而氣壞，買份健康保險也不錯呢！Let's sit down and talk!

保持清醒需要很大的意志和能量。不是每個人都能做到，或者需要每一刻都不犯錯誤，保持清醒。佛也有火，聖人也有錯，天才也有低智的時候。不要太介意自己曾經糊塗，做過很愚蠢的事。我可以告訴你，我見過天下最清醒最聰明的人，他們大部份時間都在做愚蠢到沒得救的事。你信不信？

糊塗是推卸責任，要人家承擔自己的生命。舉個例子：男朋友向女朋友借錢總不記賬，待女朋友追問時他竟反問有借過那麼多錢嗎？又例如：女人喜歡裝蒜扮可憐，要男朋友哄，替她做這做那，亂發脾氣，到分手時哭哭啼啼已太遲。自食其果！當她們自我放棄立心依賴時，身邊出現了多少個好男人、貴人或神去愛她們也是徒然的。只會縱容她們，被利用作為自虐和依賴的工具，努力製造受害弱者角色博取同情，耗盡人家和自己的能量，最後，大家都愛得累了，想放棄了。

世界是圓的，上帝也有公平時候。

清醒很孤獨，迷失很不安。你寧願迷失還是清醒？別糾纏在這問題上，因為這是假抉擇，兩者都只是執著的想法。又或者你寧願活像孩子般，不去做選擇，卻天天嚷著要這要那不肯長大？

要清醒還是糊塗，在乎你的決定。

○　○　○

自愛，從心出發

由自愛開始整合分裂的自己，不要從思想開始，也毋需向外在尋找。自愛須從心出發，觀看自己的心理狀態，這正是我做治療的目標。我從來不做表面安慰的工作，讓你發洩情緒，吐苦水，事後舒服一點。這不是治療，可能只是浪費時間的行為。治療的基礎是信心和決心，並且明白最終必須洗心革面地靠自己的內在力量改革自己。

我們經常身處亂局，諸多埋怨，同時將自己投射在伴侶身上，以為對方便是自己的另一半，自己也是對方的另一半，需要自己才能完整地活下去，一心希望背負對方的生命。所謂「只有我才明白他，沒有人比我更明白他」，從來是一廂情願的自欺。

一位女讀者告訴我：「我和男朋友已走到親情的階段，沒有激情關係了，但彼此互相了解多年，結婚應該是唯一的選擇吧！但結婚前幾個月，我認識了另一個他，他簡直是我的真命天子。雖然他是有婦之夫，但他確實非常吸引我。原來那位有婦之夫跟他的太太感情亦出現問題。」於是，她便母性大發說：「我相信他很需要我，只有我才能令他感到舒服和快樂……」她在這個他身上投射自己散發母愛的慾望，對方的缺點正好符合她濫發母愛的要求，養活「只有她才能令他感到快樂」的自大慾望。這裡還有女人更深一重的慾望投射：「要成為他最後的女人」。為何已有男友的她還要愛上有婦之夫？原因最明白不過了：擁有情人的滿足感遠比早已得到手的男友大。

這就是愛情嗎？

我們也經常錯用能量、錯用心神，以為自己可以成為別人的另一半，製造自我認同。但這只是美麗的誤會，現實卻事與願違，結果影響了情緒，感情和工作，浪費資源。

我認識一位女秘書，她患上了「秘書妄想症」，總以為天下間只有她最明白上司的需要，知道哪家餐廳最適合他洽談生意，代他買哪種禮物最能討他太太的歡心。她同時又患上「一廂情願症」，以為另一個部門的Peter一直在暗戀她，自以為對方經常以特別的眼神望她，沾沾自喜到處向其他女同事「示威」。可最後發現原來他已有女朋友，她竟然發電郵罵他：「去你的，全公司上下都知道你喜歡我，你現在居然公然跟另一個女生約會！你有沒有顧及我的感受呀？你在玩我嗎？浪費我的時間，你打算怎樣向我交代！」相信像她這樣的女人在每個職場都會出現。天，為何女人總喜歡妄想，以為自己很美麗，有很多人對自己垂青？事實卻是活在綺夢裡不省人事。

必須記住：我們急於尋找另一半，只是因為太害怕孤獨一個人。就以我剛才提過那位來自上海的受療者為例，她接受不了丈夫出外花心，留下自己一人的寂寞。但是，「一個人」跟「寂寞」是兩回事。一個人可以不寂寞，假如你樂在其中，享受寧靜和獨處的話。兩個人也可以很寂寞，當你們無法溝通，無法欣賞彼此存在的價值，無法分享愛與關懷時。

我們也許會問，既然另一半便是我自己，那為甚麼我還未找到自己的那一半，還感到有所欠缺呢？

答案是因為我們還未把心安定下來，還未找到生命的定位。必須先從身心協調出發，學習自愛，平衡情緒。

情緒的英文是 Emotion，來自拉丁文。E解作遠離，Motion解流動。因此，Emotion 引伸解作遠離正常的行動，偏離了正常的生理、心理狀態，就是指情緒亂了章。最亂的位置當然是我們的心。心亂了，容易不經大腦，直接爆發情緒反應，跟人家吵鬧，不知如何修好，只有一股怒火，每每指責對方的不是，失去自我反省的能力。原來是我們自己動了氣而不自知，最後雙方一起承擔惡果。所以每次出現問題，雙方都要負上責任。情況就如不可能只管指證對方好色佔你便宜，卻莫視自己願意跟他上床的慾望，是不是？

要達致身心協調，心定神閑，不謹要放鬆身體，更要讓整個人發乎內心的改變。內在的改變，包括讓血壓、心跳、情緒激素回到健康水平。一開始時我們便回想一生或近來最不幸的事，原來即使只花5分鐘，我們的白血球抗體便已經隨著負面記憶的出現而即時下跌，抵抗力驟減，心跳加速、血壓上升，容易引起感冒，發病。可以想像，如果經常處於負面思想、負能量的狀態，身體便會變得病弱，尤其是女人，腸胃和子宮會首當其衝受到影響，出現婦科疾病。經常情緒低落的人，患上癌症的機會也會高很多。英國曾經有項調查，喪偶的男人較沒有喪偶的易患上癌症。患上癌症的男人，若感受到伴侶的愛，發病率亦較感受不到愛的患癌症男士低。女人亦然，有調查發現，當女人感受不到伴侶的關心和愛意時，患上乳癌的機會比感受到的女人高百分之一百。(註三)

○　○　○

我們都知道必須平衡情緒，必須自愛，可惜搗亂自愛的敵人偏偏正是揮之不去的負面記憶。

為何我們都容易記起傷心事呢？不開心的事都是心理的負資產，為何還要留給自己呢？原來是我們不願意放棄它們，只顧擁抱這些傷心事，不敢面對自己。到殯儀館去走一趟，你會發現很多紙紮大屋或其他模擬財產，準備燒給先人享用。這反映了甚麼？正是我們「連死也要抱住不放手」，那為何我們不放開，為何要如此執迷不悟呢？

科學上的解釋是，我們的腦分開不同部份，不同部份具備不同的功能。負面記憶是由情緒勾動的，所以屬感情的位置。快樂的事所需要動員的情感較少，只有喜樂，所以記憶不是最深。人的七情中，其中六情都是負面的，所以容易勾起深刻的負面記憶。經歷過嚴重創傷的人是很難醫治的，但運用心的力量，從正面的情緒能量入手，效果卻可以很好。我曾見過一位童年受過性侵犯的男孩，他是個窮學生，很有決心想改善自己，我給他免費做了一次治療諮詢。我的治療風格是以開心、輕鬆為基調，動員他快樂的情感記憶，這樣的效果很好。那夜我們談得非常開心，像姐弟聚餐一樣，互相說笑，過程中我滲入了教他自我催眠，正面化思維和語言的自療方法，例如我拿「性侵犯」跟他開一些無關痛癢的玩笑，如問他「剛才吃過甚麼？」吃飯啊，吃性侵「犯」（註「吃飯」的「飯」跟「侵犯」的「犯」同音）。再問「好味嗎？」，他已曉得笑著回答「很好味呢！」對曾受過的創傷由緊張、執著到放鬆，到能把它放在生活上「運用」，創作自如，帶來快樂，這也是其中一種開心的自療方法。如今他告訴我自己不時也會拿「性侵犯」來開玩笑，覺得已經沒有甚麼大不了。以往的他會質疑自己是否沒有用，質疑自己是否失敗者，輔導員也只會教他忘記過去，卻從來沒有正視問題，沒有用心去觀照「性侵犯」和「道德」之間不必要的負面關係。當我們觀看著打擾我們的思想，我們暫且不去判斷和評論，靜靜地觀看著它，這些思想便會很快離開我們。要注意的是我們要用「心」去觀看，用適量的心力，不帶緊張的、輕柔的心力去看，心便會定下來，穩定不移。

人若能把情感記憶的本能運用在正面的學習上，會有意想不到的優良效果。我曾經採用情感記憶的方法教學生溫習，只要把學習的內容扣緊在他們熟習和記憶深刻的事情上，他們會很容易記上心頭。可是，情感記憶的負面效應也同樣強大，甚至不是每個人都可以承受得起。因為我們的大腦會將情緒變成記憶儲存起來，像處理和管理其他訊息一樣，為它編成一個程式，方便讓我們日後能輕易地提取和運用，不用重新認知，學習和習慣。情感之所以很快地跑出來，當中涉及這個程式的自然機制，可以讓腦袋不費吹灰之力把與之相關的舊記憶提取出來。這樣雖然可以節省回憶時間，但也導致我們經常陷入痛苦記憶中不能自已。(註四)

我們總容易記起不愉快的事，卻難以記起開心的事。很多讀者說出他們難以忘記的傷心事，要求我替他們催眠洗腦。他們的痛苦是可以理解的。因為醫學研究的結果證明了原來負面感覺一經注入腦部的感情區域，是沒法流掉的，所以，負面情緒的記憶是沒法忘記的。(見註三)

說一個例子。向我尋求治療的讀者，都會先填寫一份表格，當被問及「最開心/最有成就的經歷」一項時，逾半都漏空這條問題。相反，關於「最不開心的經歷」，卻可以滔滔不絕地告訴我。描述時也仔細得可以出版一部著作。

也有一位客人，她只記得她丈夫的所有缺點，可以無間地數說兩句鐘，對所發生的日期時間亦記得十分仔細，她完全不自覺自己只會記恨。我刻意讓她訴說，沒有中途打斷她。兩句多鐘後，她終於說完了，我便跟她說：「妳記得剛才所說的重點嗎？」我扼要地列出約10個要點讓她重溫，原來所有內容都是負面的，所有要點都是針對她丈夫的：她告訴我丈夫說跟她相處感到很大壓力，但她卻斷然否認，並不停表示生活上任何大小事情都為丈夫著想。如說：「我真不明白我這樣對他好，他為甚麼還要去花天酒地？」我跟她說，其實在這段關係上她已得到不少好處。我告訴她：「試想想，當妳是妳丈夫，每天回家，妳的太太都會把妳的一舉一動記在心，向妳抱怨，數妳的不是，妳怎會沒有壓力，怎會感到快樂呢？」

開始時，這位客人只想跟我說她和丈夫之間的感情問題，怎料一開口便收不了，大數丈夫的缺點。我問她：「妳知道妳共說了多久嗎？是兩句鐘零四十分鐘，妳現在看到自己的問題了嗎？妳有甚麼感受？」她目定口呆的。終於，她驚覺到自己讓人感到討厭的一面。她只想我判斷她的丈夫是罪人，卻忘記了「將心比己」。

我們都可能像她一樣，不自覺沉溺在重複的負面思想中。所謂為愛情付出的，只是一大堆感情廢物，當中根本沒有愛。不論男女，大家總愛說「我已付出了很多」，大家都認為自己真的已付出很多。其實，我們自以為所知道的，跟我們內在的感覺往往是兩碼子事！

剛才你不是因為勾起了傷心往事而流淚嗎？那些眼淚很可能是因為自己曾經付出而流的吧。當然，我沒有否定你的付出，只是想提醒你，你大可能錯用了付出的方法。你因為執著而窮盡所有精力、心力，對方又怎會感受到你的溫柔呢？和你在一起又怎會舒服呢？你真的認為自己愛得很偉大嗎？說白了，其實你連改變自己的力量也沒有，又怎能改善關係呢？

面對負面記憶，重點不在於如何忘記或抗拒，而在乎正面地採取接受的心態。讓它來去自由，不作干預，觀照著，讓它自動消失。我們越是不關注它，它在我們身上能吸取的能量便越有限，當它得不到能量的補充便會離開。

我曾向為人父母的讀者演講，他們問我孩子老是在搗亂找麻煩，令他們感到很累，為應酬孩子消耗很多精力。可畢竟是自己的孩子，難道要打要罵嗎？如果只用懲罰方法，只會影響孩子的潛意識，讓他們留有負面記憶，打擊他們的自信和對愛的信心，長大後便後患無窮了。那該怎麼辦呢？孩子不斷吸引父母的關注和能量，所以令父母很疲累。父母應安靜下來，不要順應孩子作回應，以靜制動，不作聲的默默看著他們，定定地直望著，不以說話回應。他們最先可能會變本加厲惹你注意和激動，但慢慢會自然地靜下來，好奇父母為何不動情，是不是另有文章。小孩子其實喜歡看父母發怒，惹怒父母是很刺激的遊戲，但當父母表現平靜時，小孩子便會靜止下來。

當我們肯安靜下來，不動，用心觀照一切的發生，心便會先靜下來，周遭也會因應而安靜下來。這是能量互相交換和感染的神奇力量。只要我們學習平靜自己，觀看而不回應，問題將會被凝固下來，不再打擾我們。然後，我們才有空間冷靜地思考解決問題的方案。我們的理智要在心思冷靜的時候才管用，在情緒激動的時候，任何結論、想法和感覺也是心亂的結果，都是不可信的。

再說那位從上海來找我的受療者吧。她是跨國公司的主管，我見到她時，她一臉疲憊，亦承認自己是感情的自卑者。我十分欣賞她為求改變自己刻意來港找我，因為很多人相對地連想改善自己的動力也沒有。我用心率協調儀測試她的心率狀態，教她打開自己的心，從心出發去愛。她起初不相信，慣性質疑，問測心對她的實際婚姻問題有甚麼直接關係，為甚麼要先做這測試，為何不直接跟她分析她的問題，教她如何處理婚姻。最後她還是願意依我的教導靜心。在短短10分鐘內，她便能夠透過丹田呼吸法，加上初步的自我催眠指引，發展有規律的心跳和呼吸，情緒跟自己的身體協調起來。雖然只是短短的靜心過程，她已可以把原來凌亂的思絮平復過來，把能量由思維轉移到心，成功地平靜自己的心。注意，她原初對返回身體去靜心的建議十分抗拒，她只相信理性和分析，只願意活動自己的腦袋。待她親身經歷了靜心的神奇感覺，親眼看到客觀的圖表上顯示的心率數據由凌亂到優化，她才相信定心的好處，體會自己的問題在哪裡了。原來，她的心太亂了，無法平衡愛，處理愛，發揮愛，留住愛。

我們喜歡說「不」，喜歡抗拒別人，因為我們寧願判斷自己是弱者，是受害者，否則怎有理由向外求助呢？她最初不肯接受她原來將自己變成受害者的心理，覺得錯在丈夫處，可在看清楚自己的心後，才明白自己也要對變壞的婚姻關係負上責任。自己的能量那麼負面那麼壞，怎能搞好一段關係呢？

傳統的心理治療忽略了處理認知+情感的完整系統，只集中在病人的感覺或所謂「心理」上下工夫。將治療的重點完全投放在腦部，讓病人無法體驗定心、平靜和愛的力量，只教人從認知、思想上「說服」自己必須感到舒服、平靜，在理性上勉強說服自己不應再傷心。製造所需的感覺不難，我們都有過自我鼓勵、自圓其說的經驗，如告訴自己「其實很多人比我更不幸，我應該知足」，「其實他不是真的那麼差，我應該忍受下去」，「時間可以沖淡一切」等等。甚至在參與坊間流行的自信提升課程時真確地經驗過重獲自信的感受，覺得已充滿力量，甚至急不及待事後積極推薦親友參加，證實自己已經得救了。可是，鼓舞的力量很快又返回原點，重複的疑慮、失落、迷失、不安再回頭，能量再度掉下去，便會比以前跌得更傷痛，更否定自己，對自己更失望，容易再次確認自己不幸的「事實」，馬上又流淚傷感了。

「知道」跟「能做到」是兩回事。我們知道應該忘記傷感，開心做人，但情緒老是返回原點不肯合作，使我們感到絕望無助。認知跟內在的心情往往是南轅北轍的。

要真正達到自療的效果，離開負面情感記憶的控制，必須先返回內心開始，把流往思想的能量、精力分散，轉移至我們的心，讓她平靜，變得溫柔，愛才能實實在在地真正出現。愛才不會只是感情的幌子，愛才能擺脫痛苦和記憶，散發正面力量。

○ ○ ○

我們要做的是提升能量，保持觀照和覺知，不要認同和沉溺。這是自愛的重點。

如何提升自己的能量呢？有兩個選擇：

1. 強迫別人將能量奉獻給你：這是自私的慾求。我們身邊總有不少痛苦的朋友，他們一邊喊「活不下去」的同時，一邊也會粘住我們不放手，貪婪地獲取我們的關注和愛心。他們不肯接受勸告，一心只想佔有別人的時間和關懷。結果，一人病變成兩人病，不僅解決不了問題，還把問題惡化了。當然，懂得向別人求助是不錯的自療方法，但要知道別人不一定能幫助你，也不一定能給予你所需要的能量。若你只懂向別人求助，只會演變成惰性和依賴，也會把痛苦傳染給別人。

2. **在平常生活中儲備能量，修心養性**，才容易令自己心定氣平，避免動氣，這是非常關鍵的態度。不動氣，能量便得以保存。這是我們與生俱來便有的定心常識。我們會知道何時要換換氣，何時要停下來，或是出去走個圈。只是我們變得執著，漸漸忘了如何自得其樂，自我安慰。是故必須重新開始愛自己，協調自己的身心狀態，擁護健康。很多動物都有天賦自愛的本能，生病時自然懂得斷食、尿療，自行排毒，轉換能量。可惜我們的自療本能卻退化了，有需要重新啟動它，自療自愛。

我們必須保持覺知，知道自己正在做甚麼，從心開始改變自己。當「心」能定下來，不再散失能量，擾亂心智時，我們將不怕「一個人」了。

修養自己的方法有很多。我們可以自己去尋找，也可以透過別人的經驗反照自己，亦可以和朋友、伴侶一起探索。在過程中應注意保持覺知和清醒，當情緒出來時，不要抗拒，讓它出現，觀看它，不回應。如果我們懂得這樣照顧自己的心靈，便可以看清自己真正的需要。我們將不會過份要求，不再只想改變別人來滿足自己。擁有覺知之心是很重要的，這是讓我們看穿自己的問題的關鍵。如果連自己的問題也看不見，我們便不知如何著手處理自己的困擾。我們要學習接受自己，看到自己的強點和弱點。知道自己的「心」最想要甚麼，最需要甚麼，工作上如此，感情上亦如此。

你的另一半便是你自己。找回散失的自己，保持清醒，拒絕糊塗，你將是個自主自重自愛的人。

○ ○ ○

最後一點是，「追求快樂」是否等於自重和自愛呢？

那位上海的受療者，純粹靠自己內在的協調，只花了短短10分鐘，便平靜了自己的心，感覺心定得多了，不再亂想。她最後問我一個問題：「人是否應該追求快樂？定心是否等於快樂？」你能回答這個問題嗎？

我經常被問及：「素黑，妳快樂嗎？」我會呆住，實在答不出這個問題，因為這不是我的問題，快樂不過是情緒的反應，讓它自然出現和消失好了，毋需刻意追求或記住。刻意希望過得快樂，找到幸福，反而容易在情緒的梯級上徘徊，助長慾望，消耗能量。

我們沒有抗拒追求快樂的需要，但追求平靜比快樂可能更有意思。「追求快樂」重要，但懂得「抓緊快樂」更重要，不過最終不要「執著快樂」。將快樂轉化變成增強內心能量的追求才更關鍵。快樂的情緒狀態是高漲的，但凡高漲就有下滑時候，快上快落，所以若快樂是狂歡程度，狂歡過後的空虛感便很厲害，這感覺我們也經歷過吧。上山難，到山巔看到眼前景觀無盡，可一下子要落山便會滾下去，快到像沒開心過一樣。快樂就是這個意思。

我們追求的心靈狀態不以快樂為目的，它可以是過程，甚至是手段，但最終，還是應該從保存及增強能量方面著眼，提升自己的情緒和心靈質素。

○ ○ ○

答問

1. 很多人研究相學，以為可以掌握未來，可往往在知道命運後很害怕，但不問不知又很害怕，為何會是這樣呢？

讓我告訴你一個讀者的個案作為參考。

有位讀者愛上了有婦之夫，在她愛得不能自拔的同時也為此而自責。於是她便求神問卜，發現那位占卜師的說話很靈驗，並且表示她的真命天子會在兩三天內出現，現在那位有婦之夫不是她真正喜歡的。這位讀者聽後又悲又喜，寫信給我說：「我才不理會是否有真命天子，只要我可以和現在的那個走在一起，要我短10年命也不成問題。」這位讀者是一位25歲的小姑娘。她問我意見，我告訴她她根本不愛現時這個男人，她最渴求的只是擁有一個名份。她馬上認同說：「素黑，妳說得對，我其實只不過是想有一個名份而已，不是很過份的要求吧，為何天要這樣對我呢！」

最後，這個故事卻有戲劇性的發展。

不消一個月，她又給我電郵：「素黑，中了。真命天子果然出現了。他人品、職業甚麼也很理想，只是唯一的缺點是他經常要出差，這是他認識我以後公司才有的安排，真倒霉。但他說出差只會維持半年左右，不會很久，半年後他回來就會娶我。但我總認為，經常出差的男人十個男人九個花，不可靠。」

這位讀者似乎很善忘，一個月前才誓願寧願短命10年跟那有婦之夫男友在一起，現在對他隻字不提，她的心已被另一個男人輕易奪取了。她最關心的是如何能佔有這個男人，而不是成全對方的事業或意願。

很多人在感情上根本不知道自己需要甚麼。像這位年輕讀者一樣，她當初以為自己很愛那位有婦之夫，現在卻有新目標了，可能三個月後再有另一位男士出現時，她又會再次移情別戀，說是天意。

我對求神問卜不感興趣。我相信宇宙間有超越人的智慧和奧秘。但是，在我們還沒有把心定下來，清楚自己正在做甚麼，需要甚麼前，占卜便變得很危險，讓人一方面依賴，另一方面對未來更失去信心。因為當你知道你將受到嚴峻的考驗時，你還沒有心理準備承擔這消息，於是占卜所帶來的是壓力和負擔多於幫助和安心。因為你的心太亂了，還沒有定心，卻妄想去安定自己的未來，這是沒有可能的。

假如我對你說：「我一看你便可以看穿你的前世。看，你前世殺了你的男朋友，所以他現在待你這樣差是應份的。這叫一命賠一命。」你知道自己的前世今生會安心一點，還是更心慌呢？如果在前世你真的殺了人，現在你的男朋友要殺你，那你是否應該感謝他？

沒有任何占卜師需要向你保證你的未來，錢已收了，話已說了，大家的緣份便告終。命運結論如何，還是要你自己一人承擔的。

所以，求神問卜有其危險性，因為始終沒有助你從心的、徹底的打開自己，當你還未定心時，求神問卜很容易變成迷信。你可以視占卜為一種調劑生活的娛樂，像看八卦新聞一樣未嘗不可，但可別太認真。一次在朋友家，大夥兒在瀏覽關於星座的網頁，他們分別輸入自己的出生日期，看自己的性格分析。理性上他們都知道那些資料不是完全準確，但內心又希望那些不能掌握的訊息說中自己，希望應驗。到底他們在期待甚麼呢？這就是人性軟弱的一面。對命運又想知又害怕知，知道了又掃興無助。

我們做任何事時都要保持清醒，只有清醒時所做的決定和行動才不致造成很大的不便或傷害，因為當你清楚知道需要承擔後果，便會克制自己。

2. 妳的文章經常提及我們要觀照自己，到底甚麼是觀照呢？

「觀照」這個詞來自佛學。我不精通佛學，但我很喜歡「觀照」這字眼。先不要理會佛學如何解釋觀照，讓我們從這方面看這兩個字：日常生活中我們是眼看耳聽的，但我們有否想過能逆轉官感呢？所謂觀照，最簡單的理解是「看著這一刻的心」。我們要學習看到自己此時此刻的心，先不管正在想甚麼，可以先去感受。我們只會思考如何處理，卻不懂如何看穿，這個「看」就是感受。

我們的心是充滿能量的，由心發出的電波比大腦發出的強大50至70倍，我們的大腦會消耗很多氧氣、體力(energy)和血液。但心所需的能量較少，卻可以發出強大的力量，所以我們一旦用心不正，或者發放愛的力量時，其影響力是不能言語的。

「觀照」，即是看得十分清楚，同時不失感覺。不是「噢，我知道自己現在很痛苦」這種知性，不是單純的知，而是感受，像看到光一樣，不只是看見，而是同時用心感受光的溫度所帶來的心靈變化。觀照是明澈冷靜的觀感，讓你看穿自己的內心，也看穿人事世態甚至宇宙的奧秘。我們都懂得觀看，至於如何去看呢？這是一個大學問，很多在修行中的人窮其一生也在探索這學問。很多人看不到自己，卻花了很多心神去看，問題是他們用腦袋去看，去思考，去判斷，去評價所看的，而沒有打開心。我想分享一個故事：有一位僧人，他找到一棵很好的樹，決定在樹下修行。期間，他因為人有三急，於是便走開了，誰知當他回來時，發現有人佔用了那棵樹，這位僧人便跟他吵起來，說這是我最先找到的地方，它是我的。嘿，這個故事教訓我們，很多人都以為自己在修行，靜心，觀照生命，其實他們可能打坐幾十年，結果還是心亂如麻，自我強硬。我曾經試過用心率協調儀測量一位自認已「入定」頗深的朋友的定心狀態，誰知出來的數據卻是一團糟。你說他一直是怎樣靜心觀照呢？

原來我們都十分自以為是。觀照是高層次的智慧，如果沒有達到定心的狀態，我們將無法看得清楚，無法感受生命的深層奧秘。

我們要觀照自己，因為我們太混亂了。我們這一代擁有最優越的生活條件，同時是最空虛的一群，太容易得到物質，心靈卻虛空無一物，所以更需要學習觀照生命。看穿自己，保持清醒，沉氣不亂動亂怒，也就是要學習「情緒管理」。我們活在富庶的都市，自當有優越的條件修好自己，向前多走一步，不然只會更加痛苦，因為我們飽暖後只懂動腦，打機。思前想後，道德自困，愁困安危，空出的時間便胡思亂想，自討苦吃。

這就是學習觀照的理念，但不是每個人都需要觀照的；同樣，不要強迫別人信奉你的宗教。為甚麼要強迫別人呢？當人有需要時便自然會開展人生探索的道路。路是自己有需要時自動向前走的，走自己的路就行了。不要管人家的路，裝飾自己的苦悶。

3. 很多活在貧窮地方的人，心靈和精神生活都很富庶，例如西藏。反之，生活條件較優越的人，心靈生活卻比較失落，為甚麼呢？

你說得不錯，你的問題也回應了我剛才說關於「另一半」的觀點。為何西藏有這麼多人修行呢？答案很簡單，因為貧窮。香港有多少人修行呢？東京呢？上海呢？物質條件優越的人很少會想到去修行，因為物質永遠越貪越不夠，舊的慾望很快會被新的慾望取代，你將無止境地追求滿足慾望。除非你已超級富有，富有到金錢已不再有意義的地步。所以你會發現非常富有的人會去修行，甚至放下一切，因為他們追求更難得到的，就是內心的平靜，或者貪想知道生命更秘密的東西。宗教活動最頻繁的地方是西藏、印度等地，這些地方的人口很多，生活艱難，人民貧窮吃不飽，穿不暖，除了修行，還有甚麼可以做呢？

這也是時間的問題。如果你有很多充餘的時間，物質生計已無法滿足你，無法為你帶來快樂，可能是你擁有太多或擁有太少，你便有提升靈性的需要。很多事情都和「不足」有關，你不足的話便要去求，或者去修。我們似乎活在很富庶的環境裡，但我們內心還是感到不足、愛得不夠。這是現代人必須面對的靈性關口。我們不一定要去修行，但要學習修心，修補和強壯自己的心。可憾的是學校和生活環境都沒有提供修心的空間。我們只得自己尋找，需要時間磨練，心急不來。「修心」，「觀照」都是理性的投資。

○　○　○

註一：
關於心率協調儀的詳細資料，請參考心療網站產品頁
http://www.healingheart.com.hk

註二：
有關愛到疲累的醫學和能量學的分析，請參考本書第二章153-157頁。

註三：
詳細資料可參考Servan-Schreiber, David, *The Instinct to Heal* (USA: Rodale, 2004)

註四：
這機制叫「知覺重編神經迴路」，其具體的運作模式，請參考本書第二章185-186頁。

迷失。放不下

因為迷失，我們還有追求向上的餘地。

迷失。放不下

自療，成熟的人的天賦責任

這講題針對我們陷於迷失、難於放下的心態，不一定甚至不需要關於愛情。有興趣的話，我願意跟你談「愛」。

愛是很廣泛的情感狀態，包括愛情、親情、友情、對自己、世界和宇宙的愛。

當我們說自己很迷失，或者說有放不下的心事時，可能是指愛情，也可能是事業、工作、親情或友情的問題。我每天會收到很多不同地區的讀者來信，他們的問題很多是關於愛情的，但當中也有不少是缺乏自信，無法相信別人、無法愛自己愛世界的個案。如前天我收到的一封信，讀者的問題就是無法親近別人。類似這些「迷失於生命中」的問題，其實已遠遠超過了愛情的範疇。

愛情是重要的，但對於人生來說，愛情還是十分狹窄的。人生漫長、人緣博大，愛情只是其中一部份。我不能說它佔的比重到底孰多孰少，這取決於我們本身的性格和意向。要是你認為愛情是100%，那你便去追求那最好的100%。但這並不等於所有其他事都不值得重視。

今天我特別想談的是「愛的科學」，著重從科學及醫學的知識方面談愛。即是說，愛跟腦袋有甚麼關係呢？愛是怎樣運作的呢？愛壞了是身體哪裡壞了呢？讓我們多了解身心結構跟愛的緊密關係，這樣能讓我們更理性地深入了解所謂愛、迷失、執著等問題，而不流於感情用事，或者錯誤地依靠老掉牙的流行文化愛情觀解決問題。

坊間甚少從科學認知撰寫關於愛的書籍，這方面的研究也不多，所以愛的呈現一直流於浮淺。被大眾媒體濫用和商品化，讓你活在充斥著愛的流行文化裡，卻老是抓不住重心和真相。於是，「愛」變得很神秘，神秘得足以勾起每個人的慾望和想像，亦因此泛濫到隨時可被商品取替的地步，實在脆弱得要命。在我們還沒有紮實地了解愛如何在我們身上運作和體現前，我們根本沒有知性和能力處理由所謂愛引申的種種困擾，包括感情、關係、情緒問題等。

正如很多讀者發電子郵件給我時說：「我有某些問題，妳替我解決吧！」希望我像快餐一樣替他們快速處理困擾他們多時的問題，再給他們列出簡易具體的自療方案，讓他們繞過理解和內省的必經之路，找捷徑達到即做即痊癒的效果。這是「看醫生為取藥」的被動心態，對問題的成因漠不關心，卻因為害怕面對，寧願避之則吉。我對如此不自愛的態度很抗拒。他們逃避進一步了解自己，逃避從問題認識真正的自己。所以，你若問他們到底最需要甚麼，為何出現某些反應和情緒，為何會有某些想法和感受，例如很想除去失戀的痛楚，忘記舊情人的種種，偏偏不知為何總是想起一切。他們無法回答這些，甚至拒絕再想下去，只求別人把自己修理好便算。一句：「做人但求開心舒服」便把責任推開。

從科學角度讓你知道為甚麼你無法放下，迷失自困的好處，就是讓你承擔了解自己的責任。一切原來最清晰不過，你沒有被命運擺佈，你不是受害者，你的問題很簡單也很普遍，你有能力令自己好起來，也有能力選擇更積極正面的路。當你明白問題的形成真相後，會較容易幫助自己，達到自療(self-healing)的效應。迷失時，我們有很多選擇，可以找別人幫自己，如看醫生，或者看書。我希望在這裡介紹一些能讓你自行在家中也能嘗試的自療方法，靠自己幫助自己。即使你的問題不能得到立即的解決，但至少能助你打開多一些自療的門路，在絕境以外看到別有洞天的希望。

自療，是每個成熟的人的天賦責任。

○　○　○

迷失的原因

任何人都會迷失，不管你的性別、年齡、階層和財富狀態。迷失的原因通常有以下幾點：

1. **認為美好的事物都不能永恒**

為甚麼美好的都不能永恒？這是自卑者和悲觀主義者的午餐，以永恒作為事態的最高價值，結果死執其中無法脫身。

2. **質疑為何關係經常破裂**

為甚麼好端端的關係會破裂？為何關係無法和諧地維持？其實很多人還未嘗試建立一段關係便已經怕得要命，「未試已心驚」的絕症式恐懼。

3. 認為沒有人明白自己

為甚麼沒有人站在我的立場明白我？這是每個人或多或少都必定執著過的自我苦戀。

4. 認為天要我承擔

為甚麼上天要我承擔那麼多考驗？有人明白我也好，沒有人明白也好，我都要承擔痛苦。表面看似堅毅，實際上，這個想法很自大。承擔的本身原是很自大的心癮。

5. 認為際遇不幸

為甚麼我老是遇上不幸？這是自大又無能的狂想。有些人一旦遇到挫折便立即想起命運，際遇，覺得與自己無關毋需負責。這是很壞的習慣。

6. 感到得不償失

為甚麼我付出一切卻得不償失？即使已擁有男女朋友，一份好的工作，很多支持自己的親人和朋友等，還是覺得有所欠缺。這是貪戀的結果。

7. 覺得努力最終還是失敗

為甚麼努力最終還是失敗收場？覺得自己很努力付出了很多，但為何總是失敗得不到預期的回報呢？這是以為付出很多很了不起的可憐誤會。

8. **認為別人比自己幸運**

為甚麼人家總比我幸運和優越？覺得身邊的人比自己漂亮，別人的妻子或丈夫總比自己的好。總之，身邊的事物總比自己已擁有的優勝。

9. **覺得自己被遺棄**

為甚麼我最終還是被遺棄？只能告訴你，所有生物與生俱來的生存法則就是被遺棄，不被遺棄便無法獨立生存。所以，很多時候我們會埋怨父母或情人為甚麼要遺棄我，我對他們那麼好，我們曾經海誓山盟，你不是應好好愛我嗎？想到這裡便覺得自己很慘，總覺得自己會被遺棄，把自憐合理化。

我們還有很多不甘心放不下的怨言：

明知和他合不來，為何老是放不下這段關係？

明知他不好，為何還覺得愛他？

為何怕失去他？

為何愛得那麼焦慮不安，那麼不好過？

為何愛到求生不得求死不能？

綜合以上各點，反映了人是非常執著的動物，甚至連所執著的到底是甚麼也不管不清楚，只是自以為已經很清楚罷了。這是假理性的反智思維模式，只適合自圓其說的自我安慰，卻解決不了問題。

我們可能不知道目前的人生處境到底是怎樣，可能你剛好失戀，失業，或者剛剛遇到挫折，被拒絕，被離棄。當我們迷失了，找不到自己的方位，想找人傾訴依賴別人時，我們第一個反應往往是覺得自己很疲累，心亂如麻，忐忑不安，做甚麼也不對勁。我們都嘗過這種感覺，如上學沒精打采，上班感到勞累，照顧孩子時累得不想活了，這裡所指的孩子可能就是你寢邊那個長不大的丈夫。你會埋怨：「如果他能多走幾步，上進一點，我便不會那麼累了。」或者：「我已經很努力去減肥，但為甚麼還是這麼胖呢？上天跟我作對嗎？」

任何人都會迷失，不管你是專家還是文盲，女人還是男人，充滿愛還是只懂恨。「迷失」最主要的原因是我們有無窮的慾望，同時也矛盾地貪戀平穩和刺激。未能接受人生無常的現實，抗拒改變，製造內心的矛盾衝突。於是，我們感到疲累、失望、孤獨、自信下滑。開始回憶過去的不快，擔心傷痛的歷史會重演，對現在反覆的困局無從打破，對變幻莫測的未來毫無把握。於是，心開始迷亂，不安。很想找到一個不變的，能解決一切的答案釋放自己。

妄望無法抓緊的幸福，誤信理所當然的關係和感情，承擔不起隨時出現的逆境惡運，和生命中太多傷害與被傷害……認為理所當然的改變了，我們便迷失，產生焦慮，不安，失控，壓迫感。這時我們面對逆境的抵抗能力下降了，需要尋找解決的出口。

放不下，其實就是執著。

問自己為何放不下前，不妨先問自己：到底你想抓緊甚麼？害怕失去甚麼呢？

吊詭的是，我們還未能抓緊的東西，何來擁有過？未曾擁有過的，又何來失去？所謂失去，不外是我們構想出來的觀念。看得破，就能放得下，鬆下來。不然，將心神花在得失的執著中會很累。

我們可能無法回答是否擁有過，害怕失去的是甚麼，這是典型的迷失徵狀。正因為我們對擔心的對象無法掌握，所以迷失，又覺得不能輕易放下不理，覺得事關重要。因為無知，所以迷失讓我們憂心不安，不能自已。

我們容易陷入迷失和不安的精神狀態，原由的確有很多，而且可以頗為複雜。我將從多方面探討這問題。

○　○　○

生物進化論的解釋

為甚麼人有時會迷失，遇到挫折時承擔不起，感到焦慮不安呢？

不安的元素是與生俱來的。若從人類學的進化角度看，這是哺乳類動物的特性。牠們的哺育期比其他生物長很多，不像蚊子，一生下來便能獨自飛行，自力更生，毋需受照顧和孕育。哺乳動物的特性是必須依賴母親，或者族群的撫育成長。哺乳類動物中，尤其是以人的成長期最長。人和動物最大的分別，從宗教層面上解釋就是人擁有高智慧，擁有靈性。人類進化學認為，人的受撫育階段比其他生物長，因為長時間處於無助、依賴和被動的心理狀態，所以人對預期、恐慌和不快樂經驗的記憶特別深刻，遠比他們產生能駕馭環境的安全感來得早。於是，人發展出來的生理結構比其他動物更容易感覺威脅，漸漸演變成焦慮、不安和危機等狀態。

動物會有警覺性，但不會焦慮，牠們是活在當下的動物。我們卻常有這樣的想法：「過馬路時會不會有人襲擊我呢？」或者想：「我會不會遇到交通事故呢？」這是比警覺更嚴重的擔憂。我們每天都會遇到難題，勾起原始的焦慮和不安感，如擔心受到威脅，或者被遺棄。這是我們兒時的記憶，因為小時候無法自我保護，必須依賴父母，一旦被父母遺棄我們便很難靠自己生存下去。所以，自孩提時代開始我們已經活在危險感中，憂心被離棄，漸漸發展至長大後形成的不安感。

可是，我們的原始本能在成長後便受到社教化的影響而開始產生不協調。我們的教育卻老是要我們不要這樣，不要那樣。盡是否定和教訓，挫掉我們的自信，容易自我否定。所謂社會、學校的教導，很大程度跟我們的原始自我有衝突，這個衝突令我們陷入迷失感。譬如，當我們很想實現自己的理想時，往往不能在現實社會中得到鼓勵和支持。這樣，內在的我和理想的我便起了衝突。

加上成長過程中的經歷，如被冷落、威脅、遺棄的無助心理狀態。

我們將記憶延續到長大，令成長後容易變得恐懼、無助、怕失去愛、害怕孤獨一個人，希望依賴，尋找返回母親肚子裡的安全感。我們一直在調校原始恐懼本能和社教化制度下塑造的那個「我」的角色身分之間的情緒變化。所產生的協調和衝突，演變成「我」和「自我」不斷反覆迷失和尋找的模式。

恐懼和不安是原始的生存本能。危機意識越強的低等動物，生存能力便越高。但從原始不安演變成有機會享受安逸、快樂甚至高級思考如哲學、靈性追求如宗教等，還有追求創新變革和藝術等，卻在人類進化歷史很後期才出現。而腦部結構也隨之進化，發展出超越的想法，所謂形而上的追求。

這解釋了為何當我們感到焦慮不安和驚愕時，會感到這不是陌生的，反而覺得很熟悉，確定它是存在而非幻覺。諷刺地，我們會很安心地去認同那些不安感，從不會質疑這些不安是否多餘，是否假象。因為這種**不安感覺是經歷了千萬年的進化結果**，並不是偶然，也不只是個人的問題。

如果我們懂得這樣想的話，便毋需太執著於迷失不安的感覺，不會過份認同它的價值。可是，我們還是無法處理這些擾人的不安，還藉此製造很多負面的想法，然後順理成章地把所想的合理化，決不會質疑這些負面的想法。

因為是進化後期的發展，因此我們的身心還未習慣和適應。想到愛、宗教等形而上的、靈性上的、高層次的信仰時，我們容易質疑，變得保險，謹慎小心，或者難於堅定。例如，我們會問「他真的愛我嗎？」、「我的愛，我的信仰不夠堅定嗎？」，容易質疑愛，質疑信仰，質疑自己。否定、負面、迷失等等心理症狀便隨之出現。我們不會質疑這種質疑的想法，因為它來得太自然了，自然到不可能懷疑它的真實性。我們不會懷疑自己是否想多了，只會認為多想是合理的，是自我保護。很不幸地，我們的腦袋似乎比較傾向及準備就緒去信任負面的事情，這是從遠古人類面對危險感而得來負面的心理進化結果。卻還沒發展高層次的、追求靈性的及提升思維的腦細胞，所以還未能完善地、包容地、毫無質疑地接受所有提升性的想法。

我們會質疑信仰和愛，卻不會質疑痛苦和焦慮的合理性。危機和迷亂感跟我們的身心機能和進化配合得特別完備，也發展得特別深遠，所勾起的有關負面記憶和情緒也份外深入和深刻。所以，在生物進化的層面上，我們還沒有準備去肯定自己，接受自己，很容易感到不安，製造疑惑。

明白這點的重要性是：我們的不安感是與生俱來的，也就是說：

這是正常的。我們毋需否定，毋需合理化其存在的影響力，更毋需否定自己。

○ ○ ○

心理學的解釋

迷失的源頭是對過去和未來感到焦慮，失去信心。面對逆境時，抵抗能力下降。最常見的心理狀況是焦慮恐慌，忐忑不安。

焦慮(anxiety)反映著我們身體、個人歷史和記憶的多重互動變化。

焦慮是人類獨有的經驗，與動物的驚恐(fear)有異。動物會表現驚恐，遇到危險便會立刻逃走。這是很快的反應，也是動物的原始本能。人也有這樣的動物性本能。人遇到危險也會有很快的反應，毋需經過大腦思考，這是人的反射本能。除此以外，人更發展出複雜的心理反應：由驚恐演變成焦慮。焦慮可以在沒有驚恐的情況下產生。例如，我們有時會莫名奇妙的，毫無原因的感到害怕。忐忑不安的感覺總是圍繞不散，叫人無法解釋。感覺卻又那麼真實，讓人害怕。

更複雜的是：人有時間觀念。人會把不安和焦慮感放在時間軸上，在過去和未來之間替不安感定位，尋找這份感覺的具體意義。把不安感放在記憶上尋根的好處是藉著感官性強的記憶特性，方便我們把不安感覺形象化，增強逼真效果和可信程度。動物沒有把情緒扣緊在時間上的觀念，牠們不會因為驚怕而想起過去，焦慮將來。牠們不會思考：「5年前我也有過這樣的經驗呢，將來我也會遇到相同的經驗嗎？」因為牠們缺乏把「我」和「時間」扯上關係的概念。但人不同，人會執著「我」和「時間」，會思考和分析：「我3年前還是20歲的時候已試過這樣的經驗了。」會這樣想：「昨天他講的那句話，其實5年前我已從我的前任男朋友那裡聽過一模一樣的了。」於是得出一個結論：男人都是一樣的壞。另一個結論是：我沒走運，總是遇上這種男人。再坎進去就會想：都怪我的命不好。在這種非理據性或情緒主導下，男性的快速推敲思維較女性弱。

男性的思維模式較女性直接，而女性則在這種思維方面較快。男性要花5分鐘才開始思考到「事情發生的可能性」，女性卻可能在一秒或半分鐘內便可推想出100步之後的可能性了。女人的推敲思維速度驚人地快，可大部份內容是靠貼在記憶上的憑空聯想。將聯想當成理據，可所謂的理據只是她們超速重組的記憶創作品。

問題就在這裡：當我們把問題放在時間軸上思前想後，記憶的立體元素會把想像變得很真實。但我們忽略了自己無意中加進去的道德判斷，合理化所想像的結果，認為所想的才是真實，才是事實。我們將這些假象結合了焦慮，在過去經歷中尋找對口單位。結果，是真是假只不過是我們構想出來的結果，而我們甚至積極地構想比真實更逼真的場面。我們原來是最富創意的編劇。

我們懂得運用記憶及想像，將焦慮前後反覆地放在時間上，不斷的把問題複雜化。例如，用過去的不快印證現在的不快，引證命運正在重複的真實感，加重焦慮和宿命感的逼真和可信性。更可笑的是，我們偏偏喜歡替記憶和想像妄下真假道德判斷，喜歡爭辯想象的是假的，經歷過的才是真的。自我困死，卻搞不清自己把想像的誤以為事實。難怪我們對負面的感覺總是堅信不移，難以放棄。

心理學上還有另一種病徵叫「後創傷壓力失調症」PTSD(Post-Traumatic Stress Disorder)，受過性侵犯或經歷過天災人禍的人最容易患上。PTSD也是只有人類才有的。試想想，如果一隻貓給扭傷了，牠10年後會否仍想著這件事而憂鬱不歡？牠只會憑嗅覺記憶知道牠曾受傷的地方會有危險，所以不會再去。這是很理性的，生物性的反應，與創傷情緒無關。但人類卻會將5年前、10年前發生的慘痛事件牢牢記下。即使是一個只有10個月大的小孩，他若遇到驚恐創傷的事情，也會潛移地把事件記下，雖然，他大多無法意識到已經把事件記下了，可記憶已悄悄進入了潛意識。就像電腦的記憶體，一些資料長久放在那裡，不會被刪除，甚至永久放在那裡一樣。(下一節我會從醫學的層面說明這點。)這解釋了為何我們總是無法放下傷痛的過去，困在痛苦中不能自拔。我們有太多過去的創傷，其後遺症印證了人類的記憶比動物的複雜。

記憶影響情緒，加上對未來的焦慮，讓人活在延續性的憂患之中，所以過去的創傷特別刻骨銘心。人活在時間裡，不斷翻新過去的傷口，加深驚恐和無助感，困在局裡兜圈。

○　○　○

醫學的解釋

我們要先了解管理情緒和生理變化的神經系統運作，才能更清晰地掌握迷失不安和放不下的原因。

我們與生俱來的「自律神經系統」ANS(Autonomic Nervous System)的主要功能，是幫助我們在不需要勞動大腦的情況下，立刻對外界反應的自我保護機制，這是生物的原始反應設計。它會盲目地對憂患的警覺系統和情緒作出超快的反應，產生肌肉收縮和強烈驚恐感覺。令壓力荷爾蒙如腎上腺皮質素等上升，心跳加速，消化減慢，為預留更多能量(energy)

給肌肉準備行動。當我們遇到危險時，心跳會馬上加速，腎上腺素分泌提升，馬上逃離現場。又比方我們開車時，當發現前面有人走過，我們的腿會不經思索地踏剎車掣，把車立刻停下來。假如要經過大腦思考分析然後才指令身體器官行動時便已經太遲了，準會撞死路人。人具備這反射作用的功能是自我保護的防線，不然我們早已遇險送命。

自律神經系統的功能是在我們預測到有危險時，我們的身體會作出調整，將大部份的能量(energy)調配到那些快速反應的器官上。生物的本能可預測天災危機如地震、海嘯、暴風雨等，及時逃亡。只是現代人早已失去了這珍貴的本能，以至我們無法在第一時間保護自己。現代人變得過份重視腦部發展，讓更多的能量和氧氣輸送到腦部方便思考，而不再像原始人一樣把能量傳送到肌肉和心臟去。於是，減弱了我們原始的活動能力，人不再擅於逃生，卻變成思想如何發明更多先進的科技保護自己，代替逃生的行動。這是文明的代價。

自律神經系統的快速反應功能本來是正面的，能保護我們的生命。可是，當它變成慣性的反應時，問題又來了。我們的腦邊沿系統(Limbic System)連結的下視丘(hypothalamus) 負責管制自律神經系統、內分泌，調節饑渴、性、痛、壓力等反應，這些連結反應不能分辨到底是生命受到實際威脅，還是只是經焦慮產生的思想或觀念，直接由腦垂體(pituitary gland)分泌壓力荷爾蒙。過多的「假警號」(false alert)會產生多餘的生化副作用，身體於無形中吸收了所有生化的變化，甚至造成永久性的負面影響，演變成心臟病、胃痛等疾病。

就像剛才分析過的「想像和記憶混淆」一樣。我們有很多把強行的幻想當作事實的慣性，結果給神經系統發出過多錯誤的訊息，讓它以為我們正處於真正的危機，於是馬上回應。例如你會焦急地想：「再不去想辦法挽救便會失去老公。」因為類似的想法經常出現，令你的神經系統很容易便認出它，發展出慣性的情緒反應。例如：你無時無刻在思考失去老公的可能性，準備好一旦被遺棄時的淒涼心情。這是「預演的情緒」，卻於當下發生了。你在構想將被遺棄的同時身體已快速地回應和配合你。因此，你馬上情緒低落，想哭，想到最痛苦的事情。

負面的情緒記憶漸漸深化，待腦神經系統收到訊息後馬上動員應該回應你這些想法的器官，讓它們變得活躍起來。我們要知道，凡是快速的活動所需要的能量必然非常強大。因此，**我們一旦情緒波動，全身大部份的能量也會匯聚到腦部，讓我們盡情去思想，去痛苦，去沉淪**。我們會發覺患上憂鬱症或是思想負面的人，他們會整天躺著，目定口呆地空想和痛苦，非常無助，光是「想」，已經累得要命。如果你勸他們：「不要這樣，不如一起去游泳吧！」他們會說：「我不去了。」你再建議：「那去吃東西或逛街吧！」他們同樣是一句：「我不去了。」對，他們真的感到很疲乏，甚麼也不想做。這是他們體內能量分配不平衡的結果，越焦慮越痛苦，越痛苦越無力和疲累。原來，我們花掉很多精力和心力，製造因焦慮產生的悲傷和無助感。

這正正解釋了為甚麼我們在不安和痛苦中會那麼疲累。因為腦神經細胞全都在備用中，並且只運作在一個點上，製造「自己如何被拋棄」，「為甚麼自己會如此不幸」等等負面的聯想。光是想也可以病起來。大部份心理病的成因，也是得到生理系統配合的結果。

○ ○ ○

心靈和能量學的解釋

在「形而上」的層面，從心靈或精神能量的角度來說，我們放不下、迷失不安的原因又是怎樣形成呢？

如果我們的心靈或精神上不夠豐裕，將很難接受突如其來發生的事情。所謂人生無常，充滿變幻，從來與生命同在。可是，若我們的情緒配合不來，借無常勾起悲傷的想法，便會進一步浪費能量，陷入痛苦的絕境中。

迷失令人太疲累。我們花很多精力對不如意事抗拒、反抗、排斥、否定，花大半生否定生命和自然，剩下的是退步，怨天尤人。老是問我是誰？生命為何？卻於事無補。我們執著時間，只懂活在過去和將來，卻忘記了當下。

例如，我們平常坐在電腦前工作，有沒有想過天花會否突然掉下來呢？事實上，確實有天花掉下來的可能性。若然你是超級焦慮型的人，一生中又能擔心多少不幸事呢？還有，當我們接受不了「天花真有可能掉下來」時，便只能不斷的在乎天意，執著命運壞意的安排，從而耗費強大能量的腦部活動，花掉我們無數的精力。因此，談心靈、談情緒、談執著時，必須同時強調「能量」，這是較客觀的量度指標。

迷失不安令人疲累，虛耗能量，令我們無法正常健康活下去，也失去自療的力量。綜合以上各種解釋，可以得出以下的結論：

1. 因迷失隨之而來的負面情緒變成習慣，蠶蝕我們的能量，**把所有精力耗掉，心力交瘁**。最後，我們變得很疲累，失去向上的動力。由於向上提升需要很大的勇氣、能量、意志和決心，因此，我們往往寧願守在痛苦的折磨中。最後，沒辦法和動力改善自己。

2. 因為身體的狀態已經習慣了負面模態，要改變和改善需要更大的精力和心神。往往令人感到氣餒和挫敗，**覺得改善比放棄更辛苦**。惡性循環，我們寧願沉溺在痛苦和回憶中，越想越絕望，迷失方向，失去生命力。除非生命中出現很強的動力，如：超越的愛，震撼心靈的神靈或精神領袖。不然，隨著歲月流逝，我們很難脫胎換骨，亦很難增強生命鬥志。

3. 迷失的人多是生活重複，感到生命毫無意義。焦慮、痛苦、壓迫感勾起的都是負面的情緒。負面的情緒特別消耗體力和能量。**我們越是重複所想，重複所感，對負面感覺的迷信程度便會加深**。重複令人不斷有機會複習舊記憶，動員所有感官繪形繪聲，令記憶更逼真，在過程中加入更多創新的感官元素。於是，所構想的比真實的過去更超現實，更刺激情緒反應，像看了精彩的電影一樣觸動和感動。我們就是最成功的導演和編劇，當我們想得越多，事情便變得更糟。這是一個死局。凡是情緒便有起伏。

要冷靜下來，必須返回穩定的一個情緒點，才可正常地作息運作，不可能永遠處於高漲或低潮(all time high or low)。

4. 負面的情緒記憶佔用了生命中的大部份時間。相對地，「快樂」是提升的狀態，要回落平穩狀態不用花額外的能量，就像滑下山坡一樣的輕鬆。而悲傷和憂患所帶來的負面情緒，卻需要額外的能量才能復元過來。就像上斜坡的汽車需要更多汽油和馬力一樣。復元需要時間，視乎悲傷的程度。每個人都好像特別多悲傷的感情記憶，漸漸變成慣性，習慣負面情緒反應，浸淫其中而不自覺，像生命不可或缺的部份一樣。**情緒記憶總是負面多正面少，快樂總是飄瞥難留，創傷卻永坎心中，無法忘記。**

5. 情緒敏感虛弱，我們在關係上經常因為鬧情緒而把問題鬧大。例如：兩口子平常偶有吵架，卻不致於影響彼此的信任和愛情。可是當你因為經歷過某件不愉快事件而變得特別警覺，不再相信他，或者認為他已不再愛你時，即使他做一個小小的動作，即使只是把鞋子放歪了一點，你也會執著這點妄下判斷和定案：「唉，這個男人真的要不得，連一雙鞋子也不能放好，怎能依靠他成就大業呢？」**芝麻綠豆的事情也能干擾你的情緒，動搖你的信念**，激活你的怒氣，你真的需要認真反省自己到底有多脆弱。

6. 迷失不安的負面情緒特別損耗體力和能量，正因為在尋找出口的過程中不斷重複過去的失敗經驗和記憶。在困局裡虛脫、兜圈轉，然後變成習慣，惡性循環，寧願沉溺在痛苦和回憶中，越想越絕望。潛意識便不斷告訴自己，說服自己不會找到出口，死路一條。於是，你變得死心絕望。

問題是我們沒有真正成長、成熟過來，沒有管理好情緒和慾望，只是讓能量白白流失。失去補充的動力，對改善自己感到疲累，生存意志降低。這是危機時候。

幾乎所有困住我們的問題，都與錯用能量有關。即是管理失當的問題，也是互相比較，自我否定的問題。是我們欠缺定心和覺知的問題。

○　○　○

是命定還是慣性？

迷失、放不下，到底是命定還是慣性的結果呢？

當我們自困時，最容易得出的結論是：命運待我不好。可是，跌倒，迷失，無助，並不是命定的不幸，只是心智和心態上的慣性而已。我們傾向認為自己想出來的事情便是真實，合情合理，卻往往流於自圓其說，看不到自身的封閉。有人會常常這樣想：「我是不幸的。」要知道光「想」是沒用的，先不管你是否真的不幸，就能量狀態而言，你卻正在動員整個身體的資源。由腦細胞到全身所有的細胞也在輔助你這個想法，按著你這個信號再想，再想下去……結果只會想歪腦，想到生病。我遇過很多治療個案的情況正是這樣，因為能量全集中到思想上去，令身體產生不同的病症。所以，當我們發現有某些難纏的病老是醫不好，找不到原因時，極有可能正是心亂的結果，打擾了能量的平衡分配。

際遇不好其實反映了我們的能量正在流失，是損耗心力後對命運的主觀投射。心態如何，世態就如何。心一亂，即使最小的變化我們也承受不來。心無法安定下來時，我們便心虛害怕，找不到抓緊生命的定點。所謂把心定下來，並不等同能把問題馬上解決。但心能定下的話，起碼能避免擾亂陣腳，避免作出錯誤判斷或決定。**心定後，我們才有理智清醒的頭**

腦構思下一步可以怎樣走。相反，若我們心浮氣躁，即使收到外間最微少的刺激，或者內心產生了最微小的情緒變化時，我們也沒法子承擔。這是人最虛弱的時候，經不起風吹草動的神經質，原是很可怕的事。

舉個例子。當我們發燒時，身體開始變得虛弱，因為身體的健康機能亂了軌。發燒本來不是壞事情，因為它是一個排毒的過程，我們若能平靜地讓它來讓它去，便是很自然的新陳代謝、自我調理的生理過程。但經過我們的思考，認為它是負面的，覺得是冤孽，或者鬼神附體，甚至是前世做錯甚麼事的惡果時，我們就無法接受和承擔發燒的出現。它將會轉化成為進一步弱化我們的重病，或者不斷復發的病徵，即使天氣稍為轉冷或轉熱，即使只是被太陽照射了一會兒，我們也會借故生病，受不了最小的自然變化。又例如你買了彩票落空了，你認為是自己特別不幸，所以非常不開心。我們若每天把很多這些小不幸加起來，便會變成大不幸，令我們對惡運、逆境等價值判斷的觀念特別敏感。於是，面對不幸、逆境的抵抗能力越來越低，最終連一點挫折也承受不來，迷執也迷失。

因此，我們的困境並不在於事態的真假，或者是否有能力或方案解決問題，而在於我們不懂得如何管理兩個器官：心和腦，不懂得心腦協調。我們只懂得把所有問題放在一個點上，例如光去想。想著想著，很自然便會怨命。怨命的原因只有一個：自我管理失當，唯有推卸責任。或者我們會在心亂無章時投靠占卜、算命，借迷信把自己交給第三者，不想承擔自己。我有很多客人也是抱著這種心理，花很多錢給不知名或滿有名的相士高人批命，預測運情，又半信半疑，把昂貴的「答案」再向其他人複述求證，尋找支持的聲音。說白了，其實你不敢相信任何人，包括你自己。

從來是思想和心態導引了我們的命運，不是天意弄人，也跟上帝無關。

○　○　○

九種壞習慣心態

我們在陷入迷失心慌的狀態時，通常會有以下的壞習慣心態：

1. **自我質疑**

發現自己出現了情緒問題，感到應找自強方法改善問題。於是接受治療，或自學自療方法，可是心裡老是害怕在別人身上良好的治療效果不會在自己身上發生，因為自己總是不夠別人幸運。可能因為自卑，也可能只是慣性否定自己的心態而已，覺得自己力不如人，沒有天份，或者道行不深，資質奇低等等，甚至覺得自己已盡力，就是沒有效果，總之質疑問題永遠在自己身上。自怨自艾，結果流失大量能量，很快便有心無力放棄自療。

2. 自導受害角色

將負面想法變成慣性，變得麻木。失去自我反省的能力和視點，覺得問題已超乎自己的缺點了，這是命運的安排。於是變得無助，覺得自己是個受害者，解釋際遇的不幸。「變成受害者」是安全的想法。在情感脆弱的情況下，將自己變成受害者能把承擔生命的責任推開，令自己好過一點，也容易博取同情，自欺欺人。潛意識裡其實一直很想逃避面對現實，對接受可能是自己的問題這想法越來越抗拒。

3. 在怨懟中戀愛

我們會在能量很低，情緒低落的時候對愛人的埋怨倍增。對方不論好壞的舉動也會莫名其妙惹我們發火，亂發脾氣，怨他為何讓自己愛得那麼累那麼辛苦。待清醒過來時，我們才懊悔自己為何表現得那麼糟，那麼不成熟，卻不知為何會這樣，恨自己失控。想想自己或身邊的朋友，在感情生活上，為甚麼雖然邊説邊想：「我很愛他，願意用心去愛，無條件付出。」但為甚麼結果都變得醜陋不仁，弄致身心疲累，愛得那麼辛苦呢？尤其是女人，花太多時間和心力一廂情願去付出，錯認那就是愛的表現和唯一的條件。愛得勞心勞累，付出太多，犧牲太多，連自己也承擔不起。天下最可憐的怨婦從此誕生，該是誰的責任呢？

4. **嫁禍童年陰影**

借兒時不快樂，所謂「童年陰影」，解釋現在迷失和找不到出口的命定理由，譬如我們埋怨自己的命格不好，曾被父母遺棄，童年時被欺凌過等等，借過去解釋現在。大部份來見我的受療者都曾埋怨自己的童年。我只能告訴你，每個人的童年都有開心和不開心的往事，成熟的人不會嫁禍兒時的不快變成現在的不快。曾有一位受療者，他很富有，自以為聰明有才華，可行事魯莽，且嫌妻子幼稚無知，覺得無法從她身上得到愛，更不懂跟她溝通。他的理由卻很可笑：「我小時候經常被媽媽打罵，覺得很孤單，所以長大後我希望有人給我被愛的感覺，但我得不到。」這是幼稚的想法。很多人都曾被媽媽打過，很多人都有愛情問題，但兩者並沒有必然的因果關係。也有一位讀者告訴我，她很想更換父母，因為她覺得媽媽對她太溺愛。如果換成有教育經驗的父母，她願意接受鍛煉，改善自己的壓力承擔能力，條件是他們不要對她不理不睬，能和她說話時語氣溫柔一點，多跟她談心。這也是笑話。壓力承擔能力低是自己太依賴之過，跟父母的教育經驗無關。鍛煉自己是我們的責任，不是父母的責任。把問題推到童年受過的陰影，其實只不過是潛意識拒絕長大，拒絕承擔生命的藉口而已。

5. **活在過去**

我們經常沉醉在回憶中，不論是黃金歲月(good old days)，或是創傷的記憶，流失很多能量，事後沒有補充便會虛脱，迷茫。我們容易時刻回想從前，甚至把記憶更新，改寫，添裝，重新製造，添加新記憶內容，豐富已想舊想厭的記憶，像看電影一樣加一些情節和角色，自編自導自演，娛樂自己，保存新鮮感。於是，記憶早已不純粹，也不能反映真實歷史，只是我們憑積極幻想創造的傑作。負面的記憶會變得更嚴重負面，而這些負面的記憶會積壓在潛意識裡，干擾我們的健康。所以，我們越想越容易失眠，被噩夢纏繞，破壞了我們跟潛意識的關係。記憶的特性是不會單以一個字來記錄事件，而是運用不同感官元素如影像、聲音、顏色、氣味等，在腦海中重演事件一次。所以，每當我們回憶一次，印象便會加深一次，讓它更具真實感。回憶是負面的話便會令你越來越不快樂。可惜我們記起不快樂的事情總比快樂的多，因為開心的事情是釋放能量的，能起鬆馳及排毒的作用，但傷心的事情是蠶蝕能量的，不斷沉澱、累積和加劇。我們會把傷心的事情沉澱，越記越清楚，所謂清楚是因為不斷溫習的後果，假如能把這套溫習方法運用在教育和學習上，我們一定能獲得很大的成就。就如我曾教過小孩子用超級記憶法，以圖像或故事加深記憶，他們很快便能將要記下的資料牢記，倒背如流。

6. **假治療**

借嘗試尋求治療的表面努力，印證努力失效，孤獨依舊的宿命。

努力過是真確的，不過卻錯用了心力，方法不對，白費功夫。例如我們可能會尋求治療，但治療是假的，因為我們只是為了給腦袋一個訊息：「我是有付出過的，我不是沒有努力過，我確實有想辦法解決問題，我現在就去找專家來幫我。」可是，這個訊息只是一連串的腦電波活動，不是由心而發的。心底堅信的卻是兩樣：「是他對不起我，是他對我不好，愛已沒有了，生命已沒有意義了，我再甚麼也不能返回從前，失去他我無法好起來。」唉，既然你那麼清楚已走往絕路，那還找別人幫你幹嗎？你其實不是想治療，你根本不想放下，藉治療作藉口，希望得別人獻計幫你讓他改變主意不離開你。很多受療者其實並非真心接受幫助，只是做了敷衍的表面工夫，證明他是開放的，有文化，知道要關愛自己，甚至只為向別人交代，因為身邊的朋友不斷給你建議，令你不得不去做一點甚麼應酬一下。

曾有幾位受療者，他們患了很諷刺的病，我稱之為「治療師強迫症」。甚麼叫「治療師強迫症」呢？這些人有個特性，就是一心只想見我，告訴我這個世界只有我才能幫到他。事實上，他們完全不打算依我教他的方法嘗試自療，事後還告訴我：「其實妳別再教我甚麼了，我是不會相信治療的。但請妳不要放棄我。除了妳外，我不會去信別人見別人的。」看，他們的心智分裂得要命！他們會不斷的纏著我，同時又會不斷反對我，否定我，甚至罵我，然後又痛苦地說：「別離開我，為何妳不再理我了？妳對不起我，妳不理我，妳作為一個治療師也不理我！」他們的病態是自製苦戀的心態。幻想很喜歡某人，但他不喜歡我，但我卻只喜歡他一個，於是越苦纏越痛苦。選擇治療師作為苦戀假象的好處是確認對方對他們沒愛情，那他們便可以心安理得地享受被遺棄的「失戀」。非常病態的虐待心理。像這樣複雜糾纏的病態，我們身邊不少人也正在罹患著吧，可能包括你自己？

原來大部份人都不想改變，寧願做病人也不想面對自己。

真正尋求治療的心態應該是尋找適合的治療師，發現不適合便要更換。因為找治療師也得講一點緣份，像愛情一樣，不能勉強或盲目迷信。患「治療師強迫症」的人只是要找一個治療師作為利用的目標，便當作是尋求治療了。

我問你，如果世上真有絕對有效的方法，一定能醫治你的情傷，治癒後你將不再被這段情困住，你能徹底忘記他，忘記和他一起的所有記憶，而你將不會再想念他，不捨得，請你老實答我，你願意嗎？

7. **自虐他虐的傾向**

選擇繼續迷失和痛苦，放棄追尋的惰性，同時害怕孤獨，不斷折磨關心自己的人，蠶蝕他們的能量，潛意識希望有人陪自己一起墮落……

這是最典型不過的自虐他虐心理。在愛情生活，在與人相處的關係中，經常會發生這樣的事：「他對我不好，他對不起我！」若問他：「那你為何不去找別人呢？」他會答：「我不會去找別人，因為我只愛他一個。」再問：「既然這樣你又能怎樣去愛他呢？」他會答：「我會繼續去想他，我不會讓他離開我，我也不會離開他。」那結論是甚麼呢？結論是困獸鬥，互相折磨。多可怕的血腥場面！更多的例子是：你經常利用電話、短訊、電郵等等接觸他，交叉傳染負面情緒病毒。所謂愛，不過是恨。人與人之間有很多類似的假愛情、假感情關係，根本沒出路。你根本是在虐待自己，虐待他人。你不好過，也不要他好過。你不快樂，他也不能快樂。你得不到的，也不讓任何人得到他……這，就是所謂愛。嗚呼哀哉！

8. 尋求對象的執著

人容易執著尋求對象，甚至逃避看清楚所找的對象是否真正適合自己，為了即時滿足抗拒寂寞孤獨的饑渴。例如學生經常有的煩惱便是友情或愛情，常寫信告訴我：「我的好朋友都群起不理我了，怎麼辦？」學生總有不少友情的創傷。成年人甚至連找醫生也一樣執著，還有尋求宗教、老師、工作、愛人的態度都一樣，選擇盲目。

9. 苦戀情意結

自我否定，討厭自己。其實是討厭照顧自己，為自己負責，於是轉移去崇拜別人，信奉神明。你所篤信的人或神本身可能並沒有問題，問題在於你盲目將自己奉獻給對方的心態。盲目的愛，盲目的崇拜消耗能量，所以你會愛某人愛得很勞累，連信仰也是負累，信得沒精打彩，自我壓抑，影響情緒。不少受療者希望自己變得像神一樣完美，卻因為無法完美自己而情緒反彈，波動不安。像剛才談過的「治療師強迫症」心理一樣，借苦戀信仰、苦戀某人討厭自己，否定生命的正面價值。人原來有苦戀的癖好。因此，我們特別喜歡看悲劇，越是淒美的、自虐的、可憐的鏡頭和情節越討好觀眾。韓劇中的血癌定律，即使橋段早已過時，你還是看得津津有味，哭個斷腸。看這種悲劇的害處除了是自製痛苦陷阱外，更不堪的是誘發負面事實的想像力，容易將負面劇情套入自己的愛情生活中。馬上覺得自己的命運也像劇中人一樣不幸，自己的男朋友也像劇中人那樣差勁，或者反問為何男朋友不能像男主角一樣深情。把自己的處境跟虛構的劇情比較，不單對伴侶很不公平，還讓你患上將想像變成事實的病態。

剛才談過從不同角度解釋放不下的原因、行為及盲點。但我們可能還是不甘心，覺得應該還有其他放不下的原因。是不是因為心魔？前世？愛得太深？害得太深？還是其他更科學的理據呢？

○　○　○

放不下的深層真相

為何我們已經很努力改善自己，還是老是放不下呢？或者已很努力忘記過去重新做人，結果還是無法放下過去呢？

這裡涉及一個深層的生物機能因素，必須從腦神經學的角度加以解釋。

簡單而言，我們的腦可以分為兩部份，一部份是負責認知的腦，即大腦皮層(cerebral cortex)，且簡稱為「認知腦」。認知腦也就是腦的外層，表面有很多規律的摺疊，很有系統，由一組一組秩序井然的神經元組成。它透過這樣有組織有系統的摺疊機能處理所有訊息，同時調控我們的活動如呼吸、說話、行動、學習能力等等。另一部份是掌管情感反應的邊沿葉腦(limbic)，且簡稱為「情感腦」。情感腦比較原始，在人類還沒有進化發展大腦皮層以前它已存在。其神經元較隨意地聚集和組成，沒有清晰的規則，因此它反應很快，靈活有彈性。它的運作可以毋須經過大腦，所以很多原始情感或情緒反應如貪念、恐懼和憂慮等都能繞過認知理性快速表達出來。

情感腦和認知腦能平衡地運作的話，我們便能平衡理性和感性，成為較懂得平衡身心和思想的人。有能力判斷所想所為是否過度，是否適中，把情緒管好。

曾有這樣一個醫學實驗：有志願參與者接受注射一種物質，讓它直接刺激負責恐懼的大腦部份，即「扁桃體」(amygdala)的區域。注射後引發了很奇怪的感覺，如莫名的不安及恐懼感。這是完全沒法解釋的，因為參與者事前根本沒有感到恐懼。這是「純粹」的恐懼經驗，不涉及任何具體事物的誘發。

這解釋了為何有時我們即使靜靜坐著，突然會感到不明來歷的不安及恐懼感。毫無原因的，情緒卻被勾動了。那不安感不知從何而來。我們自問沒有表面不幸的遭遇，沒有被解僱，不是沒有錢，感情關係也穩定……但不知為何，就是泛起莫名其妙的憂患意識，然後它又會突然消失，沒跡可尋。就像失眠一樣突襲我們，我們越去想它便越糟。「啊！失眠不要來，你快走吧！」你若這樣想的話，那晚準會失眠到天亮，因為原來你整晚不斷地和「它」談天，越關注它越感到疲累。又例如，有時你會無緣無故地突然想：「嗯，他曾對不起我，他不愛我了。」

原因是，你不自覺激活了負責恐懼和憂慮的扁桃體。可能是你養成了慣性負面思想的結果，可能是其他原因使然。重點是，突如其來的情緒感覺可以沒有理由地出現。

有科學家研究過，患後創傷壓力失調症(PTSD)的人，如被性侵犯過，經歷過災難如海嘯、戰爭等，這些創傷記憶令人刻骨銘心。當他們重溫經歷時，扁桃體和圍繞它的區域，即情感腦的恐懼中心，會馬上變得很活躍。而曾遭受性侵犯後患上PTSD的婦女，大部份在10年後也承受著相同程度的創傷症狀。問她們：「妳10年前怎樣？」當她一回想起，腦部所顯示的負面情緒反應跟10年前的紀錄是一樣的，並沒有因為事隔10年而減弱。這些人理性上大部份都已十分明白不應再有創傷的感覺，知道現在已經很安全，不受傷害，可是她們的感覺並非如此。

又例如現在我們在聽演講或看書，知道做人要懂得放下，感情不能勉強，人生變幻無常，要學習適應等等。理解是容易的，可再想下去容易勾起負面記憶，觸動情緒，一下子又控制不住變得悲傷，氣憤，甚至當場流淚。不能自已的被過去傷感的記憶片段吸掉你的注意力，你忍不住沉淪下去狂想，毒癮一樣迷醉，不捨得馬上停下來離開那些回憶影像……這是莫名其妙的失控反應，尤其是當你在理性上明明知道需要放下的時候。又例如你明知道某人你是不能去靠近，他只是個不斷強佔你能量的渾蛋，誰都知道應該放棄，但不知為何你還是寧死不放手，迷失放不下。又有人對權力、對成敗的執著等無法放下，即使很清楚知道自己到走火入魔的地步，還是不能自拔。這些不同程度的執著或慾望，都是由腦內不同的部份管理的。當你因為慣性或外來刺激而激活了某一部份時，它便會提醒你必須循著它的負面方向去思想。

這能解釋甚麼呢？

很多時候，即使我們理性(認知)地明白很多道理，甚至非常清晰應該怎樣思考問題，知道應該抱持甚麼心態，不再泥執於過去的傷口，可是感覺和回憶還是滯留在過去，被纏繫(anchor)其中。所有的感官記憶如影像、聲音、氣味、感覺等跟意識中傾向的自我信念如「我已沒得救」，全部儲存在一組神經網路裡。加上我們的思維(mind)把一切合理化了，蠶蝕能量，自動重複，毋需對應外界真實，結果造成負面感覺頻生的現象。我們無法放下，不敢記起，未能忘記。所以，當我們一想起痛苦的事，心就會馬上抽動，眼淚馬上流出來。這是情感腦的快速生理反應，毋須經過大腦分析和控制。女人在情感流露方面特別厲害，因為女人是用情緒記憶的，而且女人的情感腦體積比男人大，所以比男人發展得成熟和更複雜。

神經系統還有一個機制叫「知覺重編神經迴路」(The Cycle of Perception-Reprogramming Neural Circuitry)，能有效強化重複的記憶。它的運作是這樣的：我們會透過將一件事情的感官記憶重複輸入神經系統內。例如：每當回想起負面事情或感到挫折或不滿時，記憶系統會立刻勾起過往相關的經驗，將所有能量集中到那一點記憶上，同時間，自律神經系統裡的交感神經系統 (Sympathetic Nervous System)會增加心跳率和腎上腺素，整個身體便會武裝自己，進入緊張狀態。待第二次類似的情況出現時，生理反應會加快。因為已有過第一次經驗，知覺神經迴路得到重編，第三次會更快……這功能讓我們對將來再出現的情緒狀況變得更敏感，更快作出反應。

因此，我們越是重複想著一件負面事情，有關這事情所組成的神經迴路便會得到強化。我們會自動產生情緒反應，重複的效應在潛意識內留下烙印，加深了我們對此負面事情和感覺的信念，讓我們因為熟悉而不會質疑它。自困於不斷重複的迴路中，憂慮和焦慮，耗損能量。最後，迷失自己，無法判斷真假是非，讓負面記憶變成心癮，再也難以擺脫它。

這解釋了我們為何死執不放手。雖然很努力想擺脫負面陰影，但由於我們已牢牢建立了自動運作的神經迴路，所以很難真正放下。正因如此，我們需要有效的治療方法幫助自己。治療的本身未必最困難，最困難的是下決心去實行，可我們已經非常疲累了，被負面思想耗盡所有能量，筋疲力盡，失去了動力，缺乏鬥志。情緒病甚難醫治也是這個原因。長期讓自己浸淫在負面情緒中的人最容易患病，很多癌症就是這樣醞釀而成的。我從我的受療者中做過統計，發現不少人由長期病患演變成嚴重頑疾，前科都是先患了情緒病如憂鬱症。最近有些研究指出，精神病其實是由腦神經發炎所引起的，而情緒病其中一個病因就是發炎。我們有時胡思亂想，情緒低落也可能只是因為某些器官正在發炎所引起的身體訊號，著你提高警覺。

○ ○ ○

迷失的正面意義：自處+自療

與其消極無奈地面對迷失，不如進一步，看迷失帶給我們甚麼正面的衝擊。要衝出迷失的困局，關鍵在尋找改變負面心理慣性的方法，轉化負面意識，善用和保持能量、元氣和精力，防止因能量流失而疲累，心力交瘁。不要高估自己承擔風險的能力，了解自己的能力和需要，才有條件談情說愛，付出和領受。

無風無險的穩定命途並不一定是好事，這樣只會更容易製造惰性，減低逆境應變能力。我們應正面地接受一切發生在自己身上的東西，一旦迷失心態出現了，先不要否定它。這樣的話，你便不會受它的影響，避免花氣力回應它，因為你根本還沒有看清楚它的底蘊，這是危險的。先冷靜，觀望它。正面地面對迷失心態，讓我們有機會跳出來反省，這是個打破慣性的機會，尋找自我更生的出口。

迷失讓我們尋找新我，是自我提升的自然生命機制。凡事都有兩面，迷失教我們不要偏執。在這層次上，我們應感謝迷失這份禮物。

迷失的反面不是安定、找著了，而是自我更生，接受不可知的變幻人生，歡迎未來。面對迷失不安的心態，我們不要回頭看，左右看，而是向上看，即是提升自己，不再留戀原位。因為迷失，我們還有追求向上的餘地。

更重要的是，在處理不如意事，克服迷亂的過程中，我們有機會自我修行，在自我更生的過程中製造新智慧，體驗對生命更深入的愛。這就是迷失給我們最大的意義。

那我們應該如何療養自己，讓生命豁出去，不再受過去記憶的折磨，不再迷失放不下呢？

首先，應該真誠地問自己：想想你是如何渡過以往的歲月，你希望未來20年、30年、40年，或更長的日子怎麼過？還想繼續目前的絕路嗎？

無論你有甚麼追求或訴求，其首要條件是先學懂自處。即是自己和自己相處，懂得自我平衡和協調。自處的第一步是穩定情緒，安定心寧。意志，智慧，平靜，喜樂的身體對應位置是我們的心。心要保持輕鬆，不要沉重，因為你未必承擔得起它的重。當你的心還未安定，沒有條件問愛在……哪裡……、神在哪裡……、生命為何……。在定心之前，一切都只不過是大道理，卻不會給你成熟和智慧。你還沒有能力知道你應該做甚麼，不應做甚麼。

當你的心還未穩定，還未強壯時，你不要說「我是真心愛你的！」，或者「只有我才能愛你，照顧你。」其實很少人真有能力用心去愛人，讓人感到無壓力，很自由的。世俗的愛情是綑縛式的，壓抑性的，強迫性的，折磨性的，虐待性的，不是因為我們心術不正立心要破壞愛，而是我們的心還未平靜，無法從容自在地愛，也無法付出愛。我們應相信，愛情最初的動機都是正面的，不是立心為傷害對方或自己而去愛。到最終愛壞了，是因為我們用錯心神，勞損了彼此的精力所致。假如我用心率協調儀(heart coherence machine)來替你做實驗，你可能會嚇一跳，發現原來你一直以為正在愛著誰，原來只不過是用腦袋去愛。是你「認為」很愛對方而已，可你的心卻顯示雜亂狀態，這表示你已錯用了心力，所以你付出的愛情質素欠佳。雖然你自以為已經很愛他，自以為已經付出了很多，但你的愛情質素比你想象中還要低很多倍。難怪愛得疲累，對方受罪。

懂得穩定情緒，我們才能處變不驚，不易大亂陣腳，能冷靜地應變。這不是容易做到的。所以我們要修養自己，修理自己，這就是自療的意義。每個人也有脆弱時候，我們有需要盡量減短脆弱的時間，延長強壯開朗的時候。有個很諷刺的經驗是這樣的：很多人常問我：「素黑，妳實在太冷靜了，人真的能像妳這樣冷靜地去愛嗎？太清醒不是很痛苦嗎？」我只能說，我也是人，我也有激動時候，但我不會費神去拒抗它，這是人性。我要做的是保存能量，保持覺知，平靜，先平衡情緒，而非先從理性思維搞清楚問題。觀照自己所發生的一切，接受它，可以認同或不認同它，但更重要是讓它來來去去，別作滯留。不要讓任何外來的困在我們內在神聖的平靜空間，那是人最有價值的寶庫，非金錢名利可以收買或出賣。覺性讓人擁有尊嚴和自由，讓心不受干擾。這樣的話，我們才有更大的空間和能量去包容人生的種種變數。

處變不驚，哀而不傷，樂不忘形。能做到這樣，該是做人最大的成就了，真能成熟自處，開始看穿和體驗愛和生命中的秘密。

當然，很多人會反駁或自辯：「怎樣可以做到哀而不傷，樂不忘形呢？人當然是脆弱的，是依賴的，愛不是應該轟轟烈烈，不顧後果才夠悲壯嗎？」

這是你的選擇，而不是愛的本身應該這樣，別搞錯。不要忘記一點：檢視自己的能量，你有能力的話，你若是心定神閒的話，你要愛到怎樣都可以，假如你真的能不受對方的情緒和反應干擾，還能保持心平氣和，處變不驚的話。沒有人能永遠冷靜，或將自己抽離關係和情緒，看清楚一切，有的話那肯定已經不是人了，它可能是神，是聖靈，卻肯定不是人。關鍵在於你是在抗拒平靜，還是接受平靜。你是否真的想深入去愛，還是執著愛的表面感覺，不理繼後。假如你有成熟的心態，平衡的情緒管理的話，愛得轟烈或愛得平和已沒有分別了。因為你已找到愛的核心，毋需偏激。你可以愛得轟烈，但若心是混亂的，無法安神和清醒的話，稍為發生一點不如意的小事故也會動搖你的信念，讓你開始質疑愛，左搖右擺，立場無法堅定。那你還能怎樣去發展一段穩定的感情關係，怎樣去完成一件工作，怎樣去管好一個家，管理社會，治國平天下呢？我們要定心，目的不是讓自己變成一個好人，充滿愛心，偉大的人，這些都是表面的價值。更重要是透過定心能清楚自己的情緒狀態，才真正了解自己是否有能力去愛，和被愛。或者，知道自己可以愛到哪個地步，能付出甚麼，無法付出甚麼，不要勉強，量力而愛。我們毋須抗拒感情，毋需拒絕喜怒哀樂，但最終必須返回一個心定的位置，才能包容不同時代、世態和個人際遇上的變數。

心定才能自處。這樣的人，有資格追求愛，追求更高的心靈境界。

你又可能會這樣想：「這樣做人很辛苦吧，人生無常，脆弱短暫，隨時會死，不如及時行樂。」

追求快樂是人之常情，但小心不要以為單是追求快樂便是答案，那可以是沒有進步的逃避方式。事實上，世上沒有很多令人能經常保持快樂的事。人有所謂七情：喜、怒、憂、思、悲、恐、驚七種情志變化，是人對外界事物不同的情緒反應。根據中醫的理解，一般情況下，七情是正常的精神活動，不會引起疾病。若遇到過度的精神刺激，引起強烈或持久的情緒反應，便會傷及內臟、氣血紊亂，導致疾病，故七情也是病因，稱為「內傷七情」。中醫認為不同的情志變化，可以損傷不同的內臟，例如怒傷肝，喜傷心，思傷脾，悲傷肺，恐傷腎。值的注意的是，過份的喜樂傷及的正好是我們的「心」。你試過笑到心痛沒有？毋須執著快樂，更別沉迷痛苦，身心便能健全。情緒的高低狀態只是暫時性，不要以它作為人生的指標，為快樂而放縱，為悲傷而自虐，最終都是極端的情緒，容易失控，亂心喪志。

能自處，便能自療。那麼該如何自療呢？

○　○　○

自療的基本條件

1. 愛的重要性

自療的關鍵在愛。

愛是很重要的。我所說的愛不是愛情，愛情有太多執著和盲點，非常脆弱。愛可以很堅強，超越對象；感情則容易很脆弱，執著對象。(註一)

愛是生物的需要。父母和孩子之間的關係是建立愛的基礎。一個人是否感受到愛，很大程度取決於父母的感情投入，以及孩子對情感需要的回應。嬰兒時期的親子感情交流，能決定數年後孩子的副交感神經系統(Parasympathetic Nervous System)的平衡發展。副交感神經系統是由心臟誘發，促進心率協調，抗衡壓力及抑鬱的精密系統，能平衡心臟和情緒，維持內分秘正常的功能。如果小時候爸媽不懂得去愛你，或者沒有跟你建立親密的關係，沒有經常撫摸你，那便會很糟糕。因為你的自律神經系統會變得很敏感，即使發生一點事情也會讓你想到媽媽可能已不再要你了，她要離開了。知道小孩子最害怕甚麼嗎？就是被遺棄。因此你長大後也會經常覺得自己會被遺棄，害怕被愛人遺棄。有研究指出，沒有被父母經常愛撫的嬰兒，他們長大後的副交感神經特別脆弱，不懂得平衡內分泌和情緒。這些人會特別容易患上高血壓、糖尿病或心臟病等，因為他們過份激活交感神經。交感神經的功能跟副交感神經的剛好相反，能讓心跳加促、呼吸轉急，壓力荷爾蒙上升等，令我們處於緊張和自我保護的狀態。

副交感神經則減低心跳速度，加速腸道蠕動，減低便秘的機會，也會促進消化系統功能，有助身體平衡。所以，父母應多愛撫孩子，給他們關愛，尤其是善用直接的眼神交流，讓孩子感覺安全和被愛，這樣能令孩子的副交感神經發育良好，平穩情緒。

有一個印證愛是生物需要的例子，是在醫院裡發生的。一些早產的嬰兒出生後身體很脆弱，必須被放進氧氣箱內孕育，為免受到細菌感染養不大。所以這些玻璃箱中的嬰兒不能隨便被人觸碰，一生下來便被放進箱子中。這些嬰兒的成長速度非常慢，久久也像沒長大過一樣，身體小小的，看到人心痛。後來發生了一件事，一個值班的護士看到常常在哭的嬰兒很可憐，雖然明知不應該，她還是出於母性，不忍心伸手入箱中抱抱他們，撫摸他們。然後他們便不哭了。過了一段時間後，醫生發現了很奇怪的現象：為甚麼在這間房內的早產嬰兒的長大速度比其他的快呢？他們開始調查，在翻查當值紀錄後，發現這些嬰兒都是經同一個護士照顧過的，然後便找她查問。最後她招認了曾經摸過嬰兒的事實。雖然她實在違反了醫護守則，但那批嬰兒卻真的長大了。

這是愛撫的奇蹟。原來皮膚接觸所表達的愛跟細胞發展、人的成長有密切關係。愛是生物成長的需要，純粹的身體接觸未必能達到這效果，但帶著愛和關懷的撫摸，能孕育生命，這是愛最生物性的存在價值。沒有被愛撫過的嬰兒是長不大的。比較進化的哺乳類動物也有這種透過身體接觸撫育下一代的現象，如貓科類動物便是這樣，母親不停地舐幼嬰，不只是替牠們清潔，更重要是表達親密關係，讓幼嬰安心成長，不致活在荒野的恐慌中。但凡需要較長時間靠父母撫育才長大的動物也有這種親密的身體接觸行為。

你現在明白情人之間需要身體接觸，牽手擁抱和接吻的原因吧。這是愛的表現，讓感情關係發展和進步的生物性需要。**當人長大了，不再被父母撫摸，愛的感覺便失去，愛情成為人尋回失落的被愛記憶的重要入口**。

愛是生物的需要，如果沒有愛，我們基本上不能成為身心健全的人。這不是宗教，也不是哲學或神秘學説，而是從生物學的角度解釋人需要愛療養自己的因由，也是尋求自療的基本知識。

2. 了解自己的心

我們必須懂得如何協調認知腦和情感腦，懂得在情感腦胡思亂想時，把兩個腦分開，別合理化情緒問題，然後重新整合。你必需學懂這樣做，別讓認知腦認同雜亂的情緒，越想越負面。學習抽離於思緒(mind)，把視線轉移到心臟，或者心輪、心胸的位置，在那裡開始學習愛，返回愛的母體。心是愛的母體，我們必須學習「靜心」，盡量避免浪費能量，有心無力，或者光說不行動。說話用腦，行動卻用心。當你受傷時，當你脆弱時，學習向負面思緒說不，遠離思緒負面的人，毋須背負他們，勞損自己。當你想到「是的，我很慘，我很不幸」時，應懂得告訴自己「事實不一定是這樣的」，然後積極尋找自療的方法。我們至少要保存這個醒覺的力量，若連這個力量也沒有的話，便甚麼也無法改善，墮進迷失的陷阱，變得絕望無助。

我們應該認識自己的心臟多一點，才有能力了解自己的內心。當你情緒不好時心跳會加速，當你生氣時血壓會上升，血管會收縮，你要知道這時的你正在浪費能量，浪費精力，亦即浪費生命。我們感到困擾，迷失，膠著，即是指我們的心臟正處於虛弱狀況。當你的心虛弱時，你便不能安定，變得虛浮，迷向，怯懦不安，無法自處，無法感受安全和被愛。所以，無論發生甚麼事情，必須要定心。可是，知道是一回事，心無法安定下來又是另一回事，正是因為心太虛弱了。因此，我們應知道當我們說心要定，心要安時，這個「心」不是一個比喻，而是指很具體的、生物性的心臟。心不只是一個泵血、運送血液和氧氣的器官，它本身是一個小型的腦，是個小型激素工廠。當你激動時，它會刺激腦部提升腎上腺素的釋放，或製造和控制另一種激素ANF(心房促尿納排泄因子)調節血壓，也會刺激分泌催產素，即俗稱為愛情肽。這是當母親給孩子餵奶，我們談情說愛和性高潮時釋放的激素。

我們很多反應都是不經大腦，而是由心臟直接激發的。我們都有過這樣的經驗：在街上看見一個影子經過，還沒來得及看清楚是誰已馬上心跳加速，閃過這影子就是「他」的念頭。這個他可能是你的前度戀人，或者是一直暗戀的對象，總之是容易勾起你情緒激動的來源。或者你遇到一個人，第一眼看上去便有種觸動的感覺，所謂一見鍾情的感覺，還沒看清楚和了解對方便覺得這個他就是真命天子了，心已經狂跳，血管膨脹，開始面紅，心慌，忐忑不安，乍喜乍驚。假如你的心不夠定力，太容易亂動的話，你將成為一個容易盲目戀愛，幻想太多理智太少的戀愛失敗者。

3. **願意改變心胸**

我們需要修心養性，修養自己，才能保持心臟最優化狀態，懂得談心、交心、開心和放心。我們要改變的是自己的心胸，而不是別人的思想。要打開自己的心，最簡單自然的方法是不妨嘗試多微笑。試反觀自己的微笑，若不是發自真心的話會很容易被看穿，因為人家只看到咀角兩旁的肌肉被強行拉開，眼神卻透露真正的內心想法。愛也一樣，如果是強裝的愛，很容易會流露出來，因為你沒有用心去笑，用心去愛。用心去笑的話，眼角下的一組肌肉會同時活動。眼睛無法欺騙人。試著每天對自己微笑，不為甚麼，純粹地笑，向自己笑，給自己正面的訊息，活化正面的能量細胞，不快樂也不打緊，不要被情緒影響你嘗試去愛自己的行動，為自己多添歡笑。記著**快樂不是人家賜予的**，**快樂是由自己的心開始孕育**。記得我們應如何愛撫嬰兒嗎？你便用愛撫嬰兒的心去愛撫自己的心，孕育一個身心健全的自己。不想過去，由現在開始，重新撫育自己，懷著關愛自己的心溫柔地愛撫自己，對自己微笑，告訴自己會好起來的。不要怕，只要信，感受自愛的力量。

我沒有宗教信仰，但我深信「信。望。愛」這原則，就是說：你必需先有信念才能改善自己，自療活壞的身心，有了信念便有希望。人生不可能沒有希望而活得過去的。人最慘不是貧窮和痛苦，而是絕望。有了希望，便有發展愛，感受愛，付出愛的餘地了。你必須用心去自愛。

別在道德上判決自己或愛人。先從能量狀態檢查自己是否已承受不起持續的疲態，別把問題轉移視線，在道德判斷上當審官。判了刑而不知罪在哪裡，判決還是獨裁，也無法真正解決問題。當你投入一種想法或一段關係時感到很吃力，壓力很大，勞心勞累時，你得停下來先休息一會，回回氣，然後反省一下，到底是哪裡出現了問題。返回愛的母體去，那就是我們的心，最神聖的空間，每個人最私密最安全的空間。在那裡重燃愛的力量，跟自己微笑，跟際遇說聲why not。打開心胸的窗户，那裡海闊天空，心遠地自偏，懷著關愛自己的感恩之心再上路，向悲傷說再見。

○　○　○

自我改善和提升的方法

可以參考以下尋找自我改善和提升的方向和方法，但必須緊記：沒有單一和終極的程式。你必須窮自己的一生不斷尋找和自我更生。修行是一生的路。

1. 學習管理情緒和慾望。心理平穩和成功的人，就是懂得管理情緒和慾望的人，跟智商、學歷、身分、性別、種族無關。

2. 學習少說話，多體驗，放膽去做，去愛。多行動，少胡思亂想。

3. 追求健康身體，才有意志和力量提升自己，自我修補創傷。

4. 付出是需要智慧的。學習內斂，不要向外胡亂發放能量，不要迷信無條件付出的假浪漫。「自愛」是最基本的原則和條件。

5. 愛情是自我提升和修行的入口，並不是目的。愛情是學習放下自我，謙卑和包容的藝術。

6. 尊重和愛護性愛，不要否定和放棄，了解自己的性需要和性能量狀態，學習釋放和包容，從中提取生命的樂趣和力量。

7. 避免重複傷痛經歷。那只會再次加深潛意識確認悲傷的慣性，對自己不利。待真正平靜下來，看透問題，重溫過往歷史才有正面意義。

8. 觀照自己的思想，駕馭它，比它先走一步，不要被思想控制自己。在判斷前先靜心，定神，冷靜。成長就是學習冷靜和平靜的過程。

9. 肯定所有發生的人和事。起碼，在還沒有智慧看透之前，不要花心力先作否定。

10. 管理而不壓抑情緒，嘗試抽離地看著情緒。別以為花精力改善自己會很辛苦，這只是給自己藉口，讓自己可以坐而不動，繼續墮落。應該看著情緒，不下判斷，無為而為，反而更有力量。修身，留力，才更冷靜，看得更清楚。

11. 注意脾氣，沉住氣度，下放至丹田位置，保持醒覺，第一時間控制情緒起伏，別縱容惰性。

12. 在心亂迷失時盡量避免作出任何重大決定。

13. 信任自己的自療能力，不要依賴他力。不是他們無能力，而是怕縱容了惰性反而退步。

14. 拒絕依戀過去。回憶nostalgia的希臘文字根是nost-algia，就是返回痛苦(pain of return)。若過去沒有正面的訊息，容易變成我們的敵人。接受敵人，然後溫柔說再見，不回頭，向前走。

15. 不要直接處理問題，因為你根本沒有能力，嘗試從其他方向入手。如先戀後不要處理為何對方不愛我，為何愛會變質的問題，反而先穩定情緒，強壯身體，才有體力保持清醒。看清楚誰是誰非，愛得夠不夠，還能如何愛下去。不要解決(solve)問題，而是把問題溶掉(dissolve)，提升層次。

16. 不要活在否定的心態裡，浪費精力。

17. 學習和自己愛在一起，和潛意識建立良好關係，體驗孤獨的美麗。重新做人，不埋怨，不嫌累，只要有決心，每一刻都可以是新開始。

18. 給自己驚喜的機會，保持創造力。

19. 讚美自己，呵護自己。像返回小孩時期一樣寵愛小時候的自己，給自己多一點愛的能量。試以掌心輕拍前額和頭頂，那是很重要很性感很安慰的部位。像母親師長寵愛孩子做的動作一樣，從身體上撫慰自己，能量自給自足。

20. 用最舒服和得心應手的方式把心結表達出來。了解自己最舒服的表達模態，如寫作、畫畫、運動、說話、彈琴……定期抒發自己。

21. 狠心地向悲傷說再見。

22. 常懷感謝、感恩、寬恕的心。毋須原因，活著已經是理由。

23. 相信更美好的正在等待自己，經常保持正面意慾(positive wish)。

24. 不要和任何人比較，抬高或貶低自己。相信每個人的內在價值。

25. 早上對著鏡前的自己微笑說聲Hi，晚上臨睡前對自己說good night，和自己做好朋友、好情人。

26. 學習欣賞平靜，享受孤獨。

註一：

關於愛和感情的分別，可參考本書第一章51-58頁。

參考書籍：

McCraty, R., ed., *Science of the Heart: Exploring the Role of the Heart in Human Performance*《心的科學：探討心在人類表現中的角色》（Boulder Creek, CA：Institute of HeartMath，2001）

命運。錯愛。拒絕絕望

愛情最終的功能，是回應一個最根本的存在問題：人為甚麼要活著。

命運。錯愛。拒絕絕望

男女溝通大不同

女人往往最常被情感問題所困擾。

為何男人似乎不把情感事放在心上，而女人卻特別敏感和關注呢？

我所指的「情感」不單指「感情」或「愛情」，還包括人際關係，人的內心反應，種種感覺，情緒變化等等……情感泛指情緒或慾望於心理或生理上的反應，比較包容，並不單指喜怒哀樂或感情的需求。

為何女人對情感事特別容易記得呢？從科學的角度看，這跟女人的生理結構攸關。原來女人的腦部結構中，對情感反應的那個部份(即腦邊沿緣系統limbic system，簡稱情感腦)跟男人相比，體積較大，發展得也較成熟，因此，女人特別多花精力、時間和心力去關心和回應情感事，她們感興趣的是人與人之間的關係，情感世界的運作。

相反，男人天生不擅長表達情感，亦不會多花腦筋在人際關係和情感事上，他們的活躍和發達區不在情感腦上，而在大腦皮層(cerebral cortex，簡稱認知腦）。男人的認知腦在大部份時間都駕馭情感腦，這點剛好跟女人相反。

所以，男人感興趣的是認知性的外在資訊，如政治、股價、汽車音響型號等。他們能非常仔細地告訴你最新款的寶馬車系型號、馬力、性能等特徵。但如果你問他們昨天跟他開會的客户穿甚麼顏色的衣服，午餐喝過甚麼湯，哪間餐廳開生日會最有情調等，他們未必能回答你，因為他們根本不在意那些細節。可是，女人連別人塗了哪隻品牌的香水也能留意到，記得你跟她在哪些地方、哪種情調下説過甚麼話、那天你們穿了甚麼衣服、做過甚麼。

男女之間在溝通上的誤會由此而生。因為雙方關注的重心不同，記憶也大不同。

我們必須多花時間去解釋那些影響男女溝通和了解的既有限制，才能找到和諧共處的入口。明白自己和對方的性別強項及缺點。這樣建立的感情關係才算成熟。

女人抱怨男友為何不注意她的新髮型，只在意數據和資訊。可是，這並不代表男人沒有感情；相反，女人特別在意感情事，也並不代表女人懂得去愛或者真的重視感情。我們需要很小心地反思，女人不了解男人，往往是讓自己感到絕望的原因。

女人以為自己關心感情是美德，比關心數據更人性。這種價值觀，正確也不正確。正確是因為能為愛而盡心付出本來是好事，是對別人的一種恩賜。不正確是女人覺得自己的付出必然是正確和善意的，本著「因為我最關心他」，「因為我最愛惜他」，「因為只有我才懂得照顧他」的心態，費盡心神侍奉和經營感情關係。女人有太多的一廂情願，枉費心神，吃力不討好。她們根本不了解男伴的真正需要，枉作好人，反而令人反感、不安，感到不方便。這就是錯用心神，錯用感情的結果，當付出沒有得到預期收穫時，女人才啟動認知腦希望得到解釋和解決方法。可惜，認知腦早已被感情腦的強大能量駕馭了。搗亂了原有的理性，變成胡思亂想，製造無奈、無助和絕望。

話說回來，男人也未必懂得表達自己在感情或情感上的需要。這亦涉及男人在語言能力方面的先天性限制。

為何女人特別喜歡、懂得、要求或有需要去表達自己的情感呢？這是因為女人有先天的自我表達優勢。女人的語言天份和掌握技巧的能力也比一般男人優勝很多。因為女人是用左右腦同時處理語言的，而男人則只是左腦處理語言。所以，聰明的男人千萬不要跟女人吵罵，你們肯定會理虧！

同樣地，女人也不應跟男人解釋太多，牢騷太多。這只會增加自己的負面能量，讓自己變得狂躁。女人喜歡埋怨「為何我對你表白了一切，而你卻不出聲，不表態？為何你不跟我說清楚？難道你不重視我的事嗎？」但請女人不要忘記，妳有能力一口氣訴說前世今生以來發生過的事，記得他對妳合共三世加起來說過的話，可男人就是不明白3分鐘前的妳為何生氣，為何不滿意，為何發脾氣。因為妳用了三個世紀所發生的事情來「印證」妳生氣的原因，把妳的脾氣和「理據」合理化了。女人容易抽離時空和事態討論事情。她們有自己的邏輯，單方面的認為對方理應明白她的所思所想，她們特有的情緒邏輯。可事實卻是，沒有人能徹底代入妳的情緒記憶，想妳所想的，感妳所感的，滿足妳所要求的。在妳要求對方明白妳的同時，妳也要知道這只是一種苛求。

當然，男人也別要求女人應該明白你，你的思想和感覺在女人眼中也是不可理喻的怪物。

女人在處理感情問題時往往從感情出發，忽略了客觀理性。過份重視過去，忘記現在，容易對人不對事，造成溝通大問題。男人在處理情感問題時卻從理性出發，忽略了對方的感受，過份重視合理，不顧合情，容易對事不顧人，不近人情，同樣造成溝通的大問題。兩性應嘗試從科學和情感的角度反觀自己的情感溝通問題。明白原來在情感溝通上，兩性存在根本上的分歧。從正面的角度看，「溝通」正是男女之間達至共融，互補所缺的好機會。這也解釋了男女走在一起的靈性需要：尋求自我提升，透過別人反照自己，進步自己。

○　○　○

男女為何需要走在一起？

除了生理需要外，到底為何男女需要走在一起呢？（當然這也包涵同性戀者之間的相戀需要）原來，不論男女，其實也是為了在靈性或心靈上孕育較優質的條件和空間才走在一起，在彼此的長處或缺點的感染和影響下，達到自我提升的境地。

熟悉我的讀者都知道，我並不喜歡談論愛情，因為愛情在「愛」中只屬於其中一個層次，並不是最重要的。愛情是讓我們在和別人相處時，藉著面對慾望和利益衝突，彰顯自己的真面目，看清楚自己。愛情，不只是借另一個人的存在增添快樂、慰藉和安全感的過程，這些甚至不是必然的過程。愛過的人都知道，愛情更多的是增添痛苦、孤獨和不安的自製遊戲。這說明了愛情根本並不如大眾傳媒所渲染的浪漫、和諧和完美。看清楚愛情的動機和效用，我們便知道愛情最終的功能，是回應一個最根本的存在問題：人為甚麼要活著。

人活著為求進化，優化生活。要做到這點，關鍵是自我了解，自我提升。要徹底了解自己是困難的，因為我們都有自我，有自我就有盲點，看不清楚自己的限制。透過「愛一個人」，投入一段必須互相付出的關係，進一步了解人，了解自己。在優化生命這個意義下，愛情才算是偉大的。

可惜，很多人尤其是女人，把愛情神化了，感情用事，失去清醒自覺的能力。把愛情放在生命中的第一位，為之要生要死。沒有愛情無法活下去，執著到要命，這就是所謂愛到絕望的典型。

○　○　○

你只能求神問卜？

每個人一生中會遇到一些「支點」，那提升士氣、意志、勇氣、毅力、能量的支點，可以是愛情、家庭、子女、成就、名譽、信仰，甚至是物質滿足等。可在每一個支點上，我們的能量會因為種種外在刺激或內在衝突的影響下忽然掉下來，感到迷失、徬徨、無助和絕望……不論是甚麼原因，我們的精神狀態會在一刻間突然低沉。整個人變得黯然神傷，沒精打采，失去動力和光采。思想變得負面，情緒不穩，多疑憂愁，感到事事不如意，甚至失去人生的意義，彷彿走到絕境一樣，墮進絕望虛脫(desperate)的狀態，在意識上無法自處。

這種絕望的狀況可以是由任何誘因引起的，譬如涉及情感、金錢、倫常關係的問題等，也會因為遇上災劫、戰爭等而跌進desperate的狀態，不知如何活下去，跌坐虛脱。相信曾經歷過所謂「痛心」的人都明白這種能量在剎那間全部流失，整個人衰軟下來，虛弱無力的失重感覺，心像穿了個大洞一樣。這種狀況不單會在愛情中發生，不單會在女人身上發生，其實男女都一樣，這是人的情志特性，跟動物大不同。因為人是有思想、理性和感情融和的動物，可享受也得承擔情緒變化的後果。

掉進絕望狀態中，人最容易有甚麼反應呢？

人在絕望中，最容易首先怨天、怨人、怨命。缺乏自信的人會先埋怨自己，自我中心和自大的人會先埋怨別人。透過所謂理性分析合理化自己，罪惡化別人，把所有不開心或痛苦的事都歸咎於別人。認為問題都是別人引起的，或是因為命生得不好，再而無限推論，埋怨母親生自己時選錯時辰，或者父母替你改錯名……等等。

你算過命嗎？我所指的是包括任何問卜方式，例如：網上電子算命、報紙上的星座運程、塔羅牌、看掌看相等等。怎會有人從未玩過這些玩意呢？但問心，試問你真的相信占卜的結果嗎？不問又心思思，問了又心慌亂，結果得不到定心的效果。這便是問卜最吊詭的地方。我會說，**相信自己的能量水平比問卜更準確**。當你的能量狀態處於強壯的水平時，你不會介懷求神問卜所得的結果，甚至不需要求神問卜，你的自信就是贏家。但當你正處於絕望失重狀態的時侯，即使聽到人家的無心快語也會感到很礙耳。遇到少許不如意事便會負面離心，甚至會忽然變得迷信。傾向聽從超乎理性的指引，希望靠超越你限制的力量改變運程，害怕所有你不能掌握的人事，害怕那些所謂命中註定的劫數，以為這是命定的結果。

譬如，在愛情裡，你會因為無法和心儀的人相戀而問：為何註定遇到他，卻不能和他在一起呢？你很自然會有如此宿命的想法。不論性別、富貴貧賤、階層高低、任何年齡，任何人都有可能因任何事跌倒而能量失調，進入無助絕望的狀態。情況就類似孩子因轉校要離開最好的朋友而傷心絕望一樣，又或者你放在銀行的畢生積蓄突然消失掉，恩愛相戀了十多年的愛人在毫無先兆下忽然因第三者而提出分手，又或是突然被上司辭退而無錢交租供樓等狀況。大家在面對這等狀況時的無助感是一模一樣的，只是引發事件有差別而已。當然，孩子遇到不如意事時不會問：「媽媽，到底甚麼是命運呀？」，但成年人在身陷絕境時都會怨命，會問：「為何會是這樣？」會跟別人的際遇比較。問：「為何現在我仍是兜兜轉轉地轉工，看不到前程，而跟我同齡選讀同一科，同時期畢業的某某同學卻已風生水起，事業有成，有樓有車？為何我們的際遇如此不同？」人在無常中容易怨命，容易跟別人比較，覺得自己的命沒有別人的好。

能量下滑時，再好的際遇你也會錯過。

最近我作了一個調查，發現很有趣的現象：原來越年青的讀者越傾向迷信，瘋狂沉迷塔羅、星座、看前世等。其實他們到底害怕甚麼，相信甚麼呢？到底命運是甚麼呢？

○ ○ ○

命運是甚麼？

可能你與我出生的八字命盤相同，或你我的姓名相同，但有誰可以解釋為何我跟你的命運和際遇竟會如此迥異？

我曾與一些於命理、術數方面有精闢研究的成熟朋友討論過關於命運的問題，大家都傾向從科學的角度看命運。我們的結論是：無論你沿用哪一家哪一派的觀點去接觸「命運」這課題，例如紫微斗數、八字面相、星座塔羅、鐵板神算、奇門遁甲、西洋占星等。只要是開放、開明、專業的大師，最後所得出的共識是：**所謂命數，其實沒有絕對性**。

我們都學過數學。在數學上可運用公式、方程式去清楚計算出一個圓形，而大家也知道，所謂圓形，也只是一個概念。實際上，我們沒可能在生活中找到一個真正絕對完美的圓形。那麼，命運也可以用公式、方程式去推算、計算出來嗎？能有一條公式計算出你65歲時的命運是怎樣嗎？術數能有這樣的絕對性嗎？正如很多物理學家醉心研究宇宙的起源問題一樣，究竟「宇宙」是甚麼？是否也有一條數式能計算出來，找到一門非宗教以外的科學解釋呢？再推論下去，甚至對擁有宗教信仰的人而言，他們又能否以科學的解釋去實證神的存在呢？

你或許覺得我把話題拉遠了，其實並不然。我正在問一個跟「絕望」一樣的問題。當人感到絕望時，人很自然會對平時以為已經很清晰的真相再次產生質疑，尤其是有信仰的人，在絕望時總會質疑神是否真的存在。即使你的信仰基礎很強，當你變得絕望虛弱時，你也會去問，會質疑。愛情基礎很強的人也一樣，在關係發生變化時，再強的愛也會受到質疑。接著，你便很想尋求一個能讓你安心的定案、真相、甚至一個定數。最好能有效告訴你：將來會怎樣？你是否選錯了方向？你是否走錯了？命運將會怎樣行走？這一關能否渡過？……再問下去的便是女人最關注的問題：「這個男子是否嫁得過？」、「我要不要為他生孩子？」、「能不能與這個男人白頭到老？感情可否長久？」、「他會背叛我變心嗎？」你會很執著這些預測性問題的答案，縱使你是心知肚明的，根本沒有人能告訴你一個絕對不會出錯的答案，也沒有一條絕對的數學公式可以計算你的命。

或許有人會告訴你某大師的鐵板神算很靈驗，於是你花掉天文數字的金錢去算命，看看你在38歲或60歲時是否還跟這個男人在一起。知道答案了，你還是心有不甘，還會不斷尋找其他「高人」，比較不同占卜的結果是否一致；不一樣的話你又半信半疑，結果不斷花錢，不斷失落。我只能告訴你一個絕對的事實：你的命到最後無法被統一地界定，可破財卻是鐵一般的事實，這就是你的命運。

我們要從本質上、結構上去認清了解命運的真相，看清那些讓我們走上絕路的原因，其實全是性格所致。

性格最終決定我們的命運。即使處於很不堪很絕望的境況，當我們懂得用心和意志去調校，命運便會跟著改寫。所謂「命」的意思，其實是指我們的所執，在我們的性格上反映出來。最難改變的是性格，所以才有所謂「命數」這回事。一般人的性格牢不可破，於是便「有數可算」。同一星盤，同一時辰，同一姓名，因為性格不同便有不同的命運。**命運會依照心意而改變**，只要心意稍為變動，命運就不同了。有些人被批命盤八字相當好，為何他們也會面臨絕望，經常不開心呢？原來再好的星座，再好的貴人，若你沿用一貫的作風，自我中心不肯改變，也難以掌握宇宙給你的潤澤和機遇。命數沒有虛玄，它只是按照你的性格規劃出來的概率。所以，預言可以準確，算命可以準確。你信，便使然。

命運不是定律。在每一個當下，我們處理不同事情的時候，當我們的「心」願意轉一轉，只是一念之差，轉一個角度，甚至多轉幾個角度，整個世界，局勢已被扭轉了。關鍵在我們是否捨得，是否願意，是否接受，而非是否能夠。沒有事情是不可能的，關鍵在我們是否捨得放下當下的執著，包括自小養成的、堅信的信念，和自以為已得到並不願放棄的，如財富、地位、名譽等。你可以孤注一擲，放下眼前所執嗎？只要能放下一會兒，生命便會改變。這個「放下」可能只是一秒時間，一念之差，可否給自己多一個機會，扭轉乾坤呢？如果你有這樣的彈性，你將會是一個自療高手。

絕望不是對應命運，而是對應內心。

天災人禍我們無法逃避，但這以外，便可以有很大的彈性。

○　○　○

絕望性格的元兇

我經常收到讀者來信或訪問的要求，詢問到底甚麼叫自愛？如何自愛？有甚麼方法？

自愛的方法有很多，其中一個很重要的方法是拒絕絕望。

要拒絕絕望，必須檢視自己在性格上的缺點，是否暗藏導致絕望的元兇。

大抵上，導致絕望性格有三大元兇：

1. 慾望

能影響我們性格的關鍵是慾望。慾望可指所謂六慾，六慾者，即色慾、形貌慾、威儀姿態慾、言語音聲慾、細滑慾和人相慾。這些都是物質上、肉體上、感情上、感官上的慾求。

慾望是天性的。它的本身並不壞，但若我們不懂得控制和管理，便會放縱、虛耗和破壞能量，變成縱慾。這樣的慾望將影響我們的命運，變成拖累命運的阻力。相反，若我們懂得操控和管理慾望，它便能帶給我們自我提升的原動力，讓人生擁有正面的追求。

慾望雖是天性的，我們卻有能力轉化它的好與壞。關鍵在於我們是否能覺知慾望的能量方位。

很多人以為愛情是感情投放的自然需要，並不是慾望。但事實上，大部份的愛情只是慾望投射的結果，絕非純粹的愛。你渴求的是對方能給你甚麼甚麼，例如你喜歡A給你某種力度的擁抱，你享受那種感覺，而B便不能給予你，所以你愛A多一些。看清楚一點，這算是甚麼感情？這正是你渴求的「那種擁抱」的慾望所投射出來的所謂愛情。又或者在金錢上、物質上，你喜歡他能帶給你高級生活享受的虛榮，或許你亦認為這就是愛情了。要覺知所謂愛其實是為滿足自己某些缺失，某種不足，便明白所謂愛情不過是慾望。而因為慾望萌生的愛，往往導致無法滿足而失望。過火了，便是絕望。

2. 心癮

心癮跟慾望有甚麼分別？慾望是你知道，你有清晰的慾求對象。例如你想要一部法拉利跑車、想嫁個有錢人；心癮卻是由慾望不自覺地演變而成的慣性，是無意識的行為。你在渴求的那刻或者根本沒想過很想擁有或得到滿足，例如你會無意識地購買一大堆衣物首飾，看到漂亮的便會買下，回家後才發覺其實並不需要，甚至發現重複買了相同的。有些男人慣性看色情網頁，因為成了習慣。看的行為已非由慾望引發，為的只是滿足一種心癮，一種慣性。心癮，並不是天生的本能，而是後天形成的陋習，跟意志薄弱和惰性變強有關，可隨著不同的心態而改變對象。譬如你最近的心癮可能是美食，於是你會縱容自己的食慾，不停的吃，又或者是抽煙，不抽便會心思思。

心癮有時會反過來勾起慾望，這便會很麻煩。因為你可以透過覺知看到自己的慾望，可以憑意志去操控甚至戒除。但心癮則是不自知的，例如煙癮，你會在沒有慾望驅使下身體已習慣提起煙往咀裡抽的動作，變成慣性，不抽不行，若有所失，找不到原因，你覺得這是自然的「需要」(need)，這便是心癮的特性。心癮很容易變成沉淪，甩不掉，像吸毒一樣。毒品不只是慾望，它是心癮，慣性，不自覺地重複再重複，變成身體的「必需品」，卻令你失去自控力，失去自己。像分手後還心思思要偷查前度的郵箱，查男友的手機通訊紀錄，慣性偷窺、淫想等。心癮可以失控到變成罪行，傷害別人，這樣才真的恐怖。

我們對愛情或戀人的執著，也容易演變成心癮上的盲目需要，不自覺地要求，不自覺地怨恨、謾罵、傷害，事後清醒才後悔。若你定力不夠的話，便很難改過，變成病態。

3. 固執

固執也可以說是執著或自我。固執能影響和改變我們的命運，例如所有人都告訴妳那個男人在玩弄妳，他品行差，有很多女朋友，搭上妳只是玩票性質，和妳一起只是為了騙妳的錢，而事實上妳真的借了很多錢給他。可是不論朋友如何告誡妳，妳還是認為那不是事實，認為妳們是相愛的，妳會認為「愛情不用計較，既然他有需要，如不為他付出，這也算是愛情嗎？」於是妳繼續為他付出，借錢給他……你變得很固執，死守妳寧願相信的事情。

也可能是因為你的惰性讓你面臨固執的絕境。有些人說我愛他已愛得很累了，要重新調校自己，但自愛又太累；又有些人認為自己已一把年紀，不想再作出改變，於是把責任推向對方，要對方為你改變。性格上的惰性令我們不願再作變動，有些人甚至明知自己不對，明知問題所在，明知痛苦的原因，但仍因為惰性不願意調校自己，固步自封。有些人則因為傲慢，自我膨脹，總是認為自己沒有錯。即使找到不適合的工作，不適合的戀人，也不願意接受選錯了的事實，寧願固執堅持，和面子鬥氣。其實大部份人都是這樣把自己合理化，一成不變，養育固執，策劃絕望，拒絕長大。

慾望是天性的，可以自控，轉化能量，在乎覺知。

心癮是慣性的，也可以轉化能量，在乎定力。

固執是惰性和自傲的結果，在乎放下，修心養性。

○　○　○

檢閱錯愛的checklist

太多讀者來信告訴我愛得很痛苦，很疲累，發覺男友不是自己喜歡的類型，或者相處到互相折磨的地步，就是無法放下。因為不甘心，卻以為還有愛。這樣的話，要看自己的造化，認清要為固執付出的代價是否承擔得起。不是上天給我們的命運不好，現狀是我們自選的結果。正如妳決心要選擇有婦之夫去投射愛情夢，明知對方不能承諾甚麼妳仍不退出，美化你們之間的是真愛，對方的婚姻是錯愛，結果呢？妳愛得很痛苦，雖然已在妳預計之內，妳卻放不下。

我們掌控自己的命運，編寫自己的命書。明知關係有問題，明知這樣很不妥當，但還是為了感情固執地錯下去。最後才發現歲月不饒人，一生就這樣白過了。

當對方要剝削你的愛時，你心甘情願的不斷付出，讓對方以為你大方大量很願意付出，自然會繼續問你多要一些，貪得無厭也是人之常情。人最喜歡免費午餐，這就是人性。不要怪責任何人，你得為自己的行為負責任，不要在鬧分手時才結算在對方身上投資了多少，跟他計較，令對方義正辭嚴怪你小器裝大方。所有的付出原來都只是假情假意，所謂感情也不外是一盤賬。

不要計較誰對誰錯，記住慾望、心癮和固執，統統都能讓你走往絕境。不要計較，怨天怨命，怨人怨己，結果返回起點，重蹈覆轍。

學習檢閱自己的愛情觀或行為上是否出現以下導致錯愛的特性：

1. 在愛情路上不斷尋找替身，不論好醜，但求順手，總之抓住一個人在身旁製造安心的假象。

2. 因為害怕孤獨，因此經常要人陪伴，建立關係。

3. 自我否定，情緒管理能力低，將導致壞情緒的責任推向他人，問「為甚麼他不肯令我開心一點？」，可是你的開心與否不能由他人負責，你的快樂不能由他人來決定。

4. 自我傷害，例如以死相逼，希望挽回對方。

5. 借愛情逃避獨立，常希望借別人拯救自己，淪為所謂愛他比愛自己多的盲目，甚至尋求治療也只為證明自己是沒救的絕症。

6. 博取同情，借舊記憶勾起眼淚扮演弱者的角色，蠶蝕別人的憐憫和關懷。

7. 以性留住對方，任人隨意擺佈自己的身體。

8. 自虐成性，被虐待、被佔平宜而不反抗，等待對方「早晚」會改變的「虛弱母性」。

9\. 假專情，為了證明一生只愛一人，贏取忠貞專情的美譽，其實是對戀人死纏不放手。

10\. 任人擺佈沒主見，不想承擔自己的責任，因出錯後可將過錯推向他人。

11\. 對愛情過份完美幻想，不明白為何還沒有遇到真命天子，不自覺演變成追求不切實際的戀愛夢，容易走火入魔製造遐想，騷擾別人。

○ ○ ○

檢閱絕望特性的checklist

希望自愛，首先要主動留意自己是否已陷入偏離情緒平衡和定心的軌跡。也即是說檢查自己有沒有在不自覺中墮入絕望的陷阱。除了以上談過有關絕望的三大特性外，還有其他標準，助你檢閱絕望的症狀。你得習慣去檢查、反思，尋找方法面對和處理，別讓它像滾雪球般越滾越大，一拖再拖，到無法承擔和修補的地步。

1. 疲累

先檢查身體，如發覺身體某部位經常覺得疲累、虛弱的話，正表示那位置是我們流失最多能量的地方。有人情緒緊張會出現胃痛、肚痛、想嘔、皮膚出疹等徵狀，有人會腰痛、肩膊痛、頭痛、失眠，有人甚至全身都有問題。很多人會花大量金錢買成藥補品來醫治，可惜都不是針對病源的治療方法，如只找壓抑表面症狀的藥物來止痛，便是治標不治本的危險做法，容易拖延治療，令真正的病患變劇。我們要向自己負責，有責任找出流失能量，導致虛弱的根源，譬如要了解自己的作息，情緒變化的波幅，強化虛弱的地方。若我們不知哪裡流失了能量，哪裡變弱了，只會流失更多能量，覆水難收。

就如愛一樣，當我們感到愛時會容光煥發，充滿能量，即使工作再疲累也被愛的能量支持著，精神狀態很充沛。我們得花時間和耐性細心尋找，要和互相信任的治療師或醫生一起尋找病因。例如女人經常胃痛、下腹痛、心悸心虛，特別是心的位置最多毛病，正因為她們常用錯心力，過份情緒化，心對情緒變化的反應比腦還要快，所以一次失戀會讓女人老得很快，所謂「傷心」便是這個意思。所以奉勸大家，不要讓自己失戀很多次，當我們不夠能量時不要隨便談戀愛，墮入愛河，因為我們承擔不起失戀的神傷。也別以為以玩票性質的心態去戀愛便能自保不傷身，對方若是認真的話，我們還是要負上責任的，別在感情關係上製造孽障。又或者對方不認真而你放不下勉強繼續投入的話，你將不能承受這段關係產生的負能量。你將愛到絕望失控，心力交瘁。

2. 乞求

留意自己是否在乞求愛。不要乞求別人施捨，在說「求你為了我不要走」，「我沒有你不能活」前想清楚，為何要委屈求存到這一步。不要做感情的乞丐。乞求回來的愛到底還有甚麼質素，是否還是你真正希望得到的結果？假如對方去意已決，即使你成功乞回他的人也得不到他的心，他回頭以後，你也不會滿足於彼此戰戰兢兢刻意遷就或互相埋怨的關係。

3. 自欺欺人

空想完美的戀愛，不切實際的以為持續忍受和無條件付出便是真正的愛。浪漫是有價值的愛，其實你只是因為害怕失去，無法一個人面對孤獨，所以才製造自欺欺人的假象罷了。

4. 佔有

將愛情變成物質擁有的遊戲，看上了，買回來，騙回來，奪回來，甚至作不道德的交易。即使最初的動力是愛情感覺，可最後演變成滿足佔有慾的手段，要得到對方一張婚紙，物質利益，甚至是一句「我愛你」，控制對方的自由，讓他成為你的收藏品，結果感情變得虛偽，兩個人在一起早已不是為了愛。

5. 死守關係

寧死不同意分手，甚至以死相逼，累己累人。以道德觀念拒絕開放自己，不接受感情已淡已枯毀的現實，結果迷戀名份關係多於愛。留住不該保留的關係是最愚蠢的，因為你將無法從中得到任何快感和利益。除了不斷焦慮會失去對方，還原孤獨外，你將一無所有。

6. 亂·找·情·人·

怕寂寞，怕一個人，怕失去戀愛的感覺，怕一個人面對生活和生計，希望借另一個人分擔自己對生活的承擔責任。其實是你不想長大，希望依賴人家養活自己的無能和無賴，填補情緒真空的虛位。可這樣的關係是不真誠和難以長久的，很快你便再度墮入不安慌張的心病，覺得身邊的人不會長久，害怕失去，又不能擁有的死局。

7. 想改變別人

以為可以透過改變別人，彌補自己無法自我改善的缺點，結果製造不必要的壓力。令人感到煩厭吃不消，也忘記了戀愛中雙方必須尊重彼此的私隱和自由的可貴。記住，我們沒有權要求別人改變，侵犯別人的私隱。越是管束，控制和要求對方改變，關係越快告吹。我們能改變自己已經是很大的成就，別妄想能改變別人，最終只會自討苦吃。

8. 得不到寧願搶

有人為貪慾得不到便乞，乞不到便搶，不擇手段。由愛伴變成狂徒，一旦失控便容易產生暴力念頭。不要少看貪慾的威力，當心你已被慾望衝昏頭腦而情緒失控時，極有可能做出連自己也意想不到的事。所謂「喪心病狂」就是這個意思，因愛成恨，最後導致殺人便是很流行的社會例證，心態暴烈得令人震驚。

○ ○ ○

拒絕絕望的出路

當我們發現自己已出現以上的病徵時，可能我們已處於絕望邊緣。

應要學習尋找定心的出路，學習自處，面對問題，拒絕絕望。

拒絕絕望主要有兩條出路：

1. 身心出走，決心離開該離開的，別糾纏在感情變質的關係中，蹉跎歲月和能量。重建自己的尊嚴、生活和信念，做個健全合格的人。

2. 先從內心體驗愛的喜樂，建立健康的人生觀，靠自愛尋找愛的根源。能熱愛生命，不輕易否定和毀滅任何生命的人，才真正明白愛是甚麼，才有能力付出正面的愛，有能力被愛。

先學習自處，別把大部份時間放在男女關係、感情、婚姻等與別人相處和協調的關係上。給自己和自己單獨相處的時間和空間，別打擾別人，別讓別人打擾你，返回存在最基本的孤獨中，告訴自己要成為一個成熟、獨立、合格的人。

做個自處、自足、自信、自愛的人，拒絕絕望，擁抱愛。沒有自信的人很難會成功，亦很難活得心安理得。有自信的人即使不知所措，也不會大亂陣腳，很快便能定心看清楚方向，保存能量，所以能自愛他愛。

為生命留餘地，大方處世，修心養性，修行自己。這樣活一生，很好。

○　○　○

自處自愛的金句

1\. 人只得一世

人活成怎麼樣，也只得一世。我們想如何渡過此生，也得靠自己去策劃、安排，管理，不能依賴別人。若因為惰性和軟弱，將自己棄托別人的話，便不要妄想得到幸福；也不要自怨自艾跟別人比較，自命受害者。先管理好自己，即使真的有輪迴，我們也要先活好當下這一世。我們掌握不了天災人禍，但我們可掌握到自己。

2. 己所不欲，勿施於人

這句話尤其適合迷醉或執著在愛情中的人。記住：大部份以為「因為愛，所以痛苦」的人，想想你們曾經種過的孽：你不想別人偷查你的電郵，你先不去偷查別人的；你不想被人拋棄，先不要用虛假漂亮的藉口離棄別人；你不想人家怎樣待你，你便將心比己，不要以同樣不光采不尊重的手法對待別人，尤其是你所謂最愛的人，因為這樣做只會污辱了愛。不要勉強，不要強求，「愛」必須心安理得，顧己及人。

3. 先放下，做別的

將無法處理的問題暫且放下，先做其他事情。注意，只是先放下無法處理的事情仍然不足夠，我們得將注意力和能量轉移去做其他事情，這樣才能讓潛意識確認到：啊，原來還有其他事情可以做，還有另一些事情值得讓我們活下去。把原以為生無可戀的死局先放下，當我們能繞一個圈再回頭看，將看到另一天地。要給自己更新的機會，否則死守一角，只會招來絕望困局。每個人都有限制，困住自己看不到出口，大可出走換換氣，轉轉運，更容易清醒自己，更容易把原來的問題化解。別固執，給自己和別人多留餘地。

4. **命是選擇，不是天意**

你快樂嗎？你介意快樂嗎？你逃避快樂嗎？你痛苦嗎？你介意痛苦嗎？你不想痛苦嗎？你願意走向靜心嗎？當你在害怕、心慌心亂、怨天尤人時，願意檢視自己是否把自己推向絕望，是否願意馬上尋找出路，不泥於自辯和自虐呢？你是否願意靠近靜心的方法，而停止指控別人和命運呢？命是由你選擇的主觀意願，不是天意安排。拒絕絕望也是拒絕迷信，建立自信的選擇。

5. 人不只為自己而活

你是否同意人不只為自己而活，在甚麼底線上你能做到？你的答案能反映你當下的修養和靈性層次。在實際環境中，人不可能只為自己而活。不然，地球很快會因為一己私慾而毀滅，最終受害的也只會是自己。人不只為自己而活，因此生命才有更多變數和可能性，更多互相擦出火花的機會，更多修身養心的空間。這樣，人才能明白活著的意義，愛的意義。只為自己而活的人無法感受「愛」，也無法愛自己，愛生命。為別人付出，尤其是當你放不下自己的執著，不懂得愛別人愛自己時，不妨先放下，先做別的事情，為不相干的人做善事，給自己變得無私和純粹付出的機會。嘗試幫助別人，在幫忙別人的過程中體味純粹而輕鬆的喜樂和滿足感。這刻，你將明白生命到底是為甚麼，愛到底是甚麼。這時，你再回頭望，才看到自己。不要給自己太多壓迫，要求自己太多，先放下做不來的事情，做別的。得不到的愛可先將自己的愛付出與眾人分享，回頭看自己原來執著了甚麼，看到自己的盲點。

○　○　○

答問

1. 到底甚麼是付出？為人而活會不會失去自己，犧牲了自己？不可以追求自己的快樂嗎？在付出與個人得失之間該如何取捨和平衡？

若我們無條件的付出太多會被人說愚笨，付出太少則被人說計較，那我們應如何訂下「付出的尺度」？應付出多少？何時停止，何時繼續？

正如女人常問：我愛到哪裡便要收回，付出到哪個地步便不要再付出？

答案很簡單：反問自己，當你為某人付出時，你希望在這段關係中得到甚麼？你的出發點是為甚麼？是為滿足自己的慾望嗎？舉個例子，你覺得已為愛人付出很多感情，你只要求愛人能多些時間陪你，但對方做不到，你覺得自己付出比他多，你會想分手嗎？這樣做對嗎？是否太自私，不夠體諒和包容呢？

問到這裡，你便應檢閱你所付出的是否只為慾望回報，因為他不陪你讓你害怕和生悶？若你只想到這些，證明你的付出其實只是一種渴望回報的慾望，希望透過和一個人在一起的感覺填補自己害怕寂寞的虛位而已。然後再細想，他是否無法多陪伴妳呢？他在忙甚麼呢？愛情最重要的意義便在於此：透過與對方相處來修行自己，讓自己成長，不再放縱。有些女孩很依賴，要人陪伴、寵愛、送花、送禮物。如果可以超越這些慾望，愛將會提升，變得純粹，顧己及人，問心無愧。即使最終因種種事端要分手，你的愛還是偉大可貴的，因為你透過愛成長了。

另一種平衡付出和個人得失的態度可以是這樣：問自己為他的犧牲是否值得。注意這裡指的犧牲不是慾望，而是尊嚴和自由。那到底如何計算和衡量怎樣才算犧牲、怎樣才算包容呢？

回應這問題要分兩方面：

1. **慾望**：考慮自己是否應捨棄，若失去了某些東西，會不會為自己造成損傷、死亡、侵犯和侮辱呢？不會的話，它大概只是慾望。我們可以學習放下，借此修行自己，超越慾望。為人家而活可以修行自己，樂在其中。

2. 幸福：考慮自己是否應捨棄的是不是你的幸福。即是說，它是否能帶給你在人格上、精神上、靈性上的正面力量，能維持自尊、自主性和自處性呢？捨棄了是否牴觸了你做人的原則？若是的話，請不要為了遷就別人犧牲和放棄自己的幸福。

假如因為成全別人而抵觸了自己的慾望，請你不要太介意，當作自我磨練。超越慾望，為人著想，為人而活，感受施比受更有福的快樂。

假如你要犧牲自己的幸福滿足別人或自己的慾望時，則要三思。小心盲目付出和包容，結果將會變成包庇，流失能量，害己害人。

那到底甚麼才是真正的幸福呢？

先別從感覺來檢查幸福，因為感覺可以是盲目、迷失和執著的結果，可以是假的。先檢查你的行為和反應有沒有帶給自己和別人正面利益或好處，例如你不斷借錢包庇他的貪慾，令他變本加厲的繼續不務正業；或者他經常打你而你還不捨得離開，等待他終有一天會醒悟，這樣的話，你們雙方都沒有得到任何好處，你便不能否認你的行為和反應不會帶來幸福，只能滿足你被虐待的慾望和不自愛的病態。

我們以為當慾望被滿足了便是幸福。事實是，我們只是被縱壞了，變成貪得無厭，無法得到深刻的滿足，這樣的人生不可能幸福。因為資源有限，貪念不可能得到全部的滿足。相反，當別人不住向你索求，你得看清是否犧牲自己的幸福去滿足別人的慾望。尤其是傳統婦女，以為不斷作無條件的犧牲，維持一個已婚女人的名份便是幸福，其實那是假象。例如對方嗜賭，你還不斷向他送錢，為他還賭債，其實你是犧牲自己應有的幸福去縱容和滿足對方的慾望，這並不是幸福，這是墮落。

當你為了他喪失自尊，失去自由，你的付出便是盲目失當的。你要懂得衡量和取捨，重點是保存自己的能量，別為了別人流失全部能量。最終只會令自己活得疲累，沒有安全感，卻還繼續固執死守一段不值得保留的關係，害怕一無所有。這種想法是邏輯上的謬誤，因為你根本從未擁有過，你正在被拖累著。你要懂得說不，爭取自由，拒絕絕望。

最大的幸福，是活得自在、自由和喜樂，保持清醒和覺知，心安理得。

2. 如何做個自由的人呢？

懂得管理慾望的人才有真正的自由，而真正擁有自由的人必然是快樂的人，不可能憂心不安和痛苦。自由的人不再被情緒和慾望支配。所謂快樂並不是藉縱慾而得的短暫快感，只為自己而活不理其他人。剛才說過人不只為自己而活，當你可以為別人放下自己的慾望，你便有機會去愛，當你為了自己的慾望而去剝削和犧牲別人時，你便助長自大，最後成為慾望的奴隸，最終還是得不到自由，無法感受怡然自得的愛，亦不懂得自愛，容易放縱，自我放棄。

自由是問心，對自己誠實。問自己有甚麼正在隱瞞他？有甚麼不想自己知道？你寧願自欺欺人逃避現實嗎？

當你能毋須害怕和隱瞞甚麼，保持覺知，接受一切的發生，你便自

由了。這時才真正體會深層次的愛。在此以前，所謂的愛，只能算是「還未成形」，「測試中」的愛。

先將心安定下來。當心能安定下來，我們便不會心虛；不心虛便不驚慌，不慌驚便能站得穩，能站得穩便不會失去重心。被單一的慾念和思想佔據所有能量，例如不會只去關注愛情問題而忘記人生還有其他有意義的面向。我們將多走幾步，放眼世界，尋求更大的愛，而不拘泥於關係中。一天還未願意放下，走向定心的自療之路，我們將無法了解甚麼才是真愛。只會不斷追問，不斷否定，在外尋找，不求於心。我們必須先強壯自己的心，否則只會變得虛弱。絕望痛苦，一事無成，人生全無意義。

命是選擇，跟天意無關。

3. 為何女人容易以哭來威脅男人呢？

女人容易哭是正常的生理現象，因為女人擅長以情緒表達內心所想所感。但以哭作威脅便是很大的問題。還是那句：己所不欲，勿施於人。以哭威迫是惹人討厭的行為。正如男人做了錯事，還反過來將責任推向女人一樣無賴。將自己的弱點轉化為攻擊對方或佔便宜的工具，便是無恥的男女關係攻略。以哭、病或死來威逼、纏繞對方，為了挽回所謂愛，變相乞求對方，這是恃弱行兇。即使贏回對方短暫的停留，也徹底的輸掉尊嚴。

4. 我發現男友是個不成熟或軟弱的人，雖然他很愛我，但是我應否繼續和他交往呢？我會不會犧牲了自己的幸福呢？

沿用剛才談到衡量幸福與否的方法，看繼續和他交往是否帶給你在人格上、精神上、靈性上負面的力量，會否影響你的自尊、自主性和自處性？若是的話，請不要為了遷就他而犧牲自己的幸福。再看看，他若知道因為自己軟弱所以希望依賴妳，卻不想改進自己的話，便更不應為滿足他不想上進的慾望、心癮或慣性固執而勉強自己繼續和他在一起。「愛」是很誤導的一個字，在沒有對等交流和溝通的關係下，在雙方心智差異太大的情況下，兩個人走在一起很難藉愛情得到精神滿足和提升。深刻的愛情是互相提升的，不然便是拖累和糾纏，結果會腐朽。能否幫助他提升自己，鼓勵他進步和成熟一點呢？若已給予他機會改善而不逐的話，便不要再浪費時間了。

5. **女人能否選擇不談戀愛呢？我覺得談戀愛很花時間，但又怕被人說自己變態。我也搞不清楚是否太任性，應像一般女人一樣結婚生孩子。**

談戀愛與否是很個人的選擇，在文明社會裡不應該就此選擇定下任何道德標準。投入愛情固然要花時間，但也不能太計算，假若對象適合的話，這也是值得的。別人的評語有他們的理據和盲點，但這些也並不重要。最重要的是，妳覺得一個人輕鬆自在，無壓力便可以了。

若妳為了得到別人的認同而結婚生子，也都是妳的選擇。不過，後果自負，尤其是要向下一代負責任。在妳還沒有心理準備好前生育的話便是不負責任的行為。

人只能活一世，假如妳覺得自己一個人可以活得更自在的話便隨心所欲吧。或許在妳50歲時再遇到願意去愛的人，到時妳還可以戀愛，還可以結婚。只要記住：命運，是妳選擇的結果。我們可以為別人而活，但不要為滿足別人而違背自己的原則和意欲，不然，妳只會失去幸福。

謝謝

感謝以下親愛的存在，在此書的製作過程中付出了美麗的心：

Irene Tse　錄音整理義工
黃富珊　錄音整理義工
Louisa Chow　義務語文檢測師
鴻飛　和暖貼心的攝影與設計
鈺書　無語無形的愛
John Fung　純粹溫柔的關愛
模特兒朋友　非常的耐性與微笑
梁嘉麒　總編輯最大的誠意
鴻飛的貓兒　無私送上溫婉的身體
貝多芬　悲愴奏鳴曲的陪伴
John Neptune　和平寧靜的尺八吹奏

最放不下愛
Love Is To Let Go

作者
素黑

責任編輯
尼采

美術設計
The Bubbles

攝影
鴻飛

出版者
知出版社
香港英皇道499號北角工業大廈18樓
營銷部電話：(852) 2138 7961
網址：http://www.formspub.com

發行者
香港聯合書刊物流有限公司
香港新界大埔汀麗路36號
中華商務印刷大厦3字樓
電話：(852) 2150 2100
傳真：(852) 2407 3062
電郵：info@suplogistics.com.hk

承印者
美雅印刷製本有限公司
香港九龍觀塘榮業街6號
海濱工業大廈4樓A座

出版日期
二ＯＯ七年三月第一次印刷
二ＯＯ七年五月第二次印刷
二ＯＯ七年九月第三次印刷
二ＯＯ九年二月第四次印刷
二Ｏ一一年二月第五次印刷
二Ｏ一二年七月第六次印刷

版權所有 · 不准翻印
All rights reserved.
Copyright © Cognizance Publishing 2011
ISBN 978-988-8103-07-2
Published in Hong Kong

知出版社
COGNIZANCE PUBLISHING

素黑

這樣愛，很好

經已再版

知出版社
COGNIZANCE PUBLISHING